AF069151

Distopías patriarcales

Análisis feminista del «generismo queer»

Alicia Miyares

Distopías patriarcales
Análisis feminista del «generismo queer»

QUINTA EDICIÓN

EDICIONES CÁTEDRA
UNIVERSITAT DE VALÈNCIA

Feminismos

Consejo asesor:

Paloma Alcalá: Profesora de enseñanza media
Ester Barberá: Universitat de València
Cecilia Castaño: Universidad Complutense de Madrid
M.ª Ángeles Durán: CSIC
Ana de Miguel: Universidad Rey Juan Carlos
Alicia Miyares: Profesora de enseñanza media
Isabel Morant Deusa: Universitat de València
Mary Nash: Universitat de Barcelona
Verónica Perales: Universidad de Murcia
Concha Roldán: CSIC
Verena Stolcke: Universitat Autònoma de Barcelona
Amelia Valcárcel: UNED

Dirección y coordinación: Alicia Puleo, Universidad de Valladolid

1.ª edición, 2021
5.ª edición, 2021

Diseño de cubierta: aderal

Ilustración de cubierta: Verónica Perales Blanco

Reservados todos los derechos. El contenido de esta obra está protegido por la Ley, que establece penas de prisión y/o multas, además de las correspondientes indemnizaciones por daños y perjuicios, para quienes reprodujeren, plagiaren, distribuyeren o comunicaren públicamente, en todo o en parte, una obra literaria, artística o científica, o su transformación, interpretación o ejecución artística fijada en cualquier tipo de soporte o comunicada a través de cualquier medio, sin la preceptiva autorización.

© Alicia Miyares, 2021
© Ediciones Cátedra (Grupo Anaya, S. A.), 2021
Juan Ignacio Luca de Tena, 15. 28027 Madrid
Depósito legal: M. 27.431-2020
I.S.B.N.: 978-84-376-4201-7
I.S.B.N.: 978-84-9134-709-5
Printed in Spain

*Para María Jesús Pando.
Reconociéndonos siempre,
hemos podido disfrutar de la amistad
desde la infancia*

Presentación y agradecimientos

Cuando se intenta describir una semblanza del feminismo político y alertar de las distintas trampas conceptuales desde los inicios hasta el momento actual, las páginas son deudoras de todas las voces que, preocupadas por la misma cuestión, han expresado sus argumentos.

Afrontar un debate respecto a lo queer y este nuevo «sujeto transgénero» o el más inespecífico de «sujeto trans», anulando previamente la validez de la categoría de análisis más preciada del feminismo como lo es describir críticamente las relaciones «sexo/género», no es tarea individual. Resulta chocante, para cualquiera que mantenga un mínimo de coherencia argumentativa, que mientras se niega la validez de la categoría «mujeres» como sujeto vindicativo de la igualdad, se nos imponga la emergencia de un nuevo sujeto político, llámese «trans» o «transgénero» que no solo invisibiliza a las mujeres sino también a las personas transexuales. Contra esa imposición normativa y politizada, vía reconocimiento legal de la «identidad de género» o «autodeterminación de género», son muchas las feministas que han elevado sus voces críticas. Así, por ejemplo, con Amelia Valcárcel, Ángeles Álvarez y Maite Berrocal la comunicación y el diálogo han sido constantes. Sabíamos de la necesidad de frenar un avance legal, auspiciado por organismos internacionales, sobremanera la ONU, en donde el deseo o sentimiento subjetivo se imponía al análisis crítico de las consecuencias derivadas de sustituir el «sexo», como dato objetivo, por el «género sentido». El voluntarismo subjetivo tiene difícil encuadre normativo, ya que la esfera pública y el marco legal que le da sustento no se articulan en sensaciones, intimas convicciones, sentimientos o deseos que difícilmente pueden ser comunes.

Desde su inicio, el feminismo como teoría política ha criticado abiertamente la naturalización esencialista derivada del sexo, que convierte el «nacer mujer» en un destino amargo, ya que el nacer con el «sexo inadecuado» ha lastrado las expectativas vitales de las mujeres en todas las culturas pasadas y presentes. La denuncia de esa realidad tangible es feminismo. De igual forma, el feminismo político ha cuestionado ese «hacerse mujer» o constructivismo social extremo que edificó el andamiaje por el cual a los sexos les correspondían no solo funciones diferenciadas, sino también divergencias en el entendimiento, capacidades, habilidades, modos de estar o de vestir que hoy podríamos resumir en la palabra «subjetividad». Si de algo sabemos las mujeres es de que la subjetividad ha sido una de las grandes trampas conceptuales elaboradas arteramente desde Rousseau hasta nuestros días, por medio de la cual se canaliza la misoginia.

A lo largo de la historia, las mujeres hemos padecido sobremanera la «identidad de género», o constructivismo esencialista, que ha solidificado la desigualdad estructural de nuestras vidas como mujeres. La «identidad de género», asumir el género como identidad o autodeterminación, ha sido y es una construcción normativa y el feminismo, por lo tanto, no puede permanecer impasible ante la pretensión de otorgarle reconocimiento jurídico. Poco importa que se afirme que atiende solo a una minoría social porque, de hecho, al ser una construcción normativa tiene por objeto prescribir qué, quién, cómo, cuándo y dónde es pertinente referirse a «las mujeres», o añadirle prefijos como «cismujeres», o proponer giros del lenguaje como «portadoras gestantes», para evitar el uso de la palabra «mujeres». La denuncia de las imposiciones normativas, basadas tanto en la heterodesignación como en la transdesignación, de lo que significa «hacerse mujer» es feminismo.

Por otra parte, este libro debe agradecimiento expreso a todas aquellas personas que desde la institucionalidad política o desde el seno de sus propias organizaciones han contribuido a generar espacios de debate feministas. Debo, pues, agradecer a la Escuela Clara Campoamor de Fuenlabrada y a quien la dirigió con notable acierto, Silvia Buavent, el espacio ofrecido durante los «años ciegos» de férula conservadora. En ese espacio, hace ya tres años, planteé serias objeciones a la emergencia de un «feminismo emocional», más preocupado en los sentires y la subjetividad que en la defensa de la agenda feminista. Este feminismo posmoderno y acrítico, que concibe el ser feminista como vivencia íntima, no duda en hacer explotar la agenda feminista para adaptarla a las expectativas individuales. Peor aún, se hace cargo de una agenda contraria a la agenda feminista. A su vez, tanto en Fuenlabrada como en otros espacios (Feminario, curso de Teoría Feminista, Rosario Acuña...), expresé mis dudas y críticas a la sobreutilización de las categorías de «identidad» y «diversidad». Critiqué abiertamente que la proliferación en el uso de estas categorías afectaba directamente al feminismo y las mujeres, procediendo a su fragmentación, enmascaramiento del sexismo y despolitización del movimiento. No me equivocaba. En su momento utilicé de ejemplo el cajón de sastre de las «políticas sociales» de los inicios de los ochenta, en donde las mujeres, como grupo social mayoritario, corríamos la misma suerte que minorías y colectivos sociales, por lo que se hacía imposible consolidar políticas específicas para las mujeres. Buena parte de aquellos años ochenta se nos fueron a las feministas en vindicar una institucionalidad propia (los «Institutos de la mujer»), una formación feminista y unos planes de igualdad tanto municipales como autonómicos y estatales. Todo ese trabajo feminista de los ochenta consolidó lo que denominamos «políticas de igualdad». Hoy, desgraciadamente, esa expresión ha caído en desuso porque de nuevo, en un giro amargo del destino, a las mujeres nos han vuelto a meter en otro cajón de sastre, el de «la diversidad y la identidad», produciéndose los mismos efectos indeseados para las mujeres que ya criticábamos en los ochenta. De ahí que no cejaremos en la denuncia de los procesos reactivos a los que estamos asistiendo; por ello agradezco y mucho al Feminario de Córdoba, tanto a Rafaela y Lourdes Pastor como al resto de mujeres que conforman su organización, que, contra viento y marea, aborde debates y prácticas que suponen un serio retroceso en el avance de la igualdad para las mujeres. Me refiero a la pornografía, la prostitución, la práctica del alquiler de vientres y la autodeterminación de género.

Mención expresa de agradecimiento debo a la Escuela Feminista Rosario Acuña de Gijón, que, de forma continuada y en los últimos años, ha referido y analizado la «agenda sobrevenida» tal cual es descrita por su directora Amelia Valcárcel: «La prostitución y los vientres de alquiler se han sumado recientemente al debate feminista. El patriarcado ha incluido la maquinaria pornográfica en el orden de la libertad y a los hijos e hijas en un mercado fluido de deseos o caprichos». Forma parte también de la agenda sobrevenida, lo analizado en la Rosario Acuña en julio de 2019, lo queer y sus conceptualizaciones. Como se afirmaba en el propio texto de la convocatoria, un esencialismo constructivista, lo queer, ha nacido al amparo de la posmodernidad. No es feminismo, aunque devenga de él. Ni el feminismo puede ser confundido con la teoría queer ni mucho menos sustituido por ella. A la mera idea de que existe una identidad femenina esencial, el feminismo ha respondido con el análisis de las múltiples «heterodesignaciones» con las que la supuesta esencia femenina se construye y se percibe. La teoría queer, y más a medida que se aleja de la agenda feminista, corre el peligro de impostar de nuevo precisamente una identidad inadmisible. Desde la libertad es necesario establecer un debate sobre las implicaciones de la práctica feminista en contraste con lo queer/transgénero. Y en ese espacio de libertad agradezco haber compartido debates con las ya citadas Amelia y Ángeles, así como con Rosa María Rodríguez Magda, M.ª José Guerra, Anna Prats, Elena de la Vara y Xabier Arakistain.

Intuíamos que la celebración del curso titulado «Política feminista, libertades e identidades» iba a suscitar críticas. El pensamiento feminista es siempre incómodo, pero no calculamos la caza de «las brujas de Acuña» que se comenzó a gestar en las redes sociales, antes incluso de que acabaran todas las sesiones. En los días sucesivos, la cacería se intensificó gracias a un breve vídeo, apenas de dos minutos, oportunamente manipulado. No deja de resultar notable que los más activos en expandir calumnias fueran en su mayoría varones pertenecientes al grupo que en aquellas jornadas se habían designado como «activistas transgénero» para diferenciarlos expresamente de las personas transexuales. Gracias al curso de la Rosario Acuña y quienes pretendieron nuestro descrédito, sin éxito alguno, se hizo evidente lo que en aquellas jornadas denunciamos: que la agenda queer/transgénero es diametralmente opuesta a la agenda feminista. No fue en absoluto casual que salieran en tromba personajes favorables a la regulación de la prostitución, la pornografía y la práctica del alquiler de vientres, junto a personas que promovían todo tipo de amenazas de violencia inusitada. También se sumaron a la causa inquisitorial personas que consideraron el descrédito de las ponentes en términos de oportunismo político o ventaja para su propia causa partidista. A esto se une la pobreza argumentativa desplegada para defender el reconocimiento del género como identidad, más aún si su única arma se basa en designar como tránsfobas o terfs a quienes desde el feminismo nos oponemos al delirio del esencialismo de la categoría «género» y al borrado de la categoría «sexo».

Tan desmedido ataque, personalmente, me revitalizó, permitiéndome afianzar mis argumentos y otorgándome energía para culminar este libro. Por ello, quiero expresar mi absoluto reconocimiento a todas las mujeres que, con valentía, batallan en las redes sociales, frenando el avance de la horda transgénero/queer. Mi agradecimiento expreso a Towanda Rebels, Zua Méndez y Teresa Lozano; a Plataforma Antipatriarcado, Ángeles Auyanet, y a Patrulla Feminista, Marina Ruiz. También a las que, a título individual, tejen con paciencia hilos en redes para trasladar las posiciones feministas como Laura Redondo, Tasia Aránguez y Paula Fraga. La compañía de todas estas personas y otras como Ana de Miguel, Montse Boix, Lola Venegas o Karme Freixa transmite la suficiente fuerza para seguir luchando por la liberación de las marcas de género. A los insultos y falta de argumentos responderemos con rebeldía feminista.

Conviviendo con la distopía

> Doble pensamiento significa el poder de mantener dos creencias en la mente de manera simultánea, y aceptarlas a ambas.
>
> GEORGE ORWELL, *1984.*

Conviviendo con la distopía

«Abre tu mente» a la distopía

Los actos humanos generan distopía. El hechizo que suscitan palabras como «felicidad», «deseo» o «sentir» puede abocar a las personas a la aceptación acrítica de determinadas tendencias sociales que nos conducen irremediablemente a situaciones peligrosas como especie humana[1]. A nadie se le escapa que sufrimos el torpedeo constante de discursos extremos que, a su vez, generan demandas sociales contradictorias. Tal parece que el mero hecho de expresar una demanda la convierte en automáticamente equivalente a su contraria. La cacofonía vindicativa se abre paso porque en términos políticos y económicos se prescinde del análisis de las consecuencias, solo el individuo importa. El futuro es ahora. La realidad es ahora. Distopía.

---

[1] «La elección de la humanidad se encuentra entre la libertad y la felicidad, y para la gran mayoría de la humanidad, la felicidad es mejor» (George Orwell, *1984,* P/L@, 2000, pág. 288).

Arrojados como especie a la inmediatez e inmersos en una realidad convulsa y profundamente polarizada, se aceptan como mal necesario ciertas dosis de injusticia y crueldad: la sobreproducción alimentaria y las hambrunas conviven como si tal cosa; el consumismo desbocado y el agotamiento de recursos se perciben como realidades independientes; las crisis migratorias son planteadas como amenazas; la dependencia tecnológica da pábulo a los rumores hechos «fake news»; el abuso de poder y la corrupción política se dulcifican con supuestas bajadas de impuestos. Verdad y mentira caminan de la mano en el ejercicio de la política. En un horizonte de desempleo, pobreza, marginación social, asalto a las libertades más elementales y transmutación de los deseos en derechos, las personas vuelven su mirada hacia quien tenga mejor disposición para engañar. Distopía.

El feminismo político contra la distopía actual

En el Ministerio de la Verdad, descrito por Orwell en su novela *1984,* la consigna del Partido es: «La libertad es la esclavitud». En nuestra realidad distópica, esta máxima tiene como referente último a las mujeres. Siempre hay quien sostiene que la prostitución es una forma de empoderamiento de las mujeres. Colectivos organizados enarbolan la bandera de la libertad y el altruismo para legitimar la explotación reproductiva de las mujeres a fin de satisfacer el deseo de tener hijos. Postulados teóricos desdeñan que el «sexo biológico» sea causa de desigualdad alguna. La igualdad, como categoría política, jurídica y moral, es suplantada por la diversidad, la identidad o la vulnerabilidad, como si no hubiera matices que diferencien su significado. La aplicación de sinonimia absoluta impide ver los efectos contrarios o indeseados. Distopía.

El feminismo político se enfrenta a la distopía actual y esta es su encrucijada. Cuando el posmodernismo afirma que los significados atribuidos a los sujetos, a los «ideales emancipatorios», son meras ficciones, el engaño se teoriza. Si las cadenas de significación son múltiples y cambiantes y el propio sujeto se disuelve en los «usos del lenguaje», desaparece la reflexión crítica. Y a las personas no les queda otra que sucumbir a la aceptación. También puede suceder que, sin pretenderlo, haya personas que en vano proclamen «el rey está desnudo» y entonces el flagelo de la rabia emocional caerá sobre ellas. Cualquier intento de articular un relato unificado, dada la más absoluta heterogeneidad, será calificado de sospechoso, ya que la apariencia de cohesión de seguro se ha logrado por supresión. No hay argumentos, solo juicios de valor. El feminismo político de la igualdad entrará en la categoría de discurso sospechoso. Será demonizado en los relatos distópicos gracias a la palabra fetiche, «hegemónico». Sea discursivamente o mediante escritura ampulosa, la palabra «hegemonía» ridiculiza cualquier intento de articulación política. Distopía. Cuando, además, como feministas, se convierte en imposición teórica que renunciemos al análisis crítico de «las relaciones sexo/género», inquisitorialmente se nos está exigiendo que abjuremos de nuestra lucha contra la desigualdad. Distopía. Las mujeres somos fragmentadas y fragmentadas, objeto de una nueva taxonomía (precarias, diversas, brujas, transfronterizas, migrantes, con velo o sin velo, negras, blancas, heterosexuales, lesbianas, anticarcelarias...) cuya única finalidad conocida es establecer una ordenación jerárquica que genera desconfianza. Distopía.

El feminismo es algo más que una narración cultural, una conjura masónica de «hermanas» o una adaptación más emotiva, aun si cabe, de *Sonrisas y lágrimas* o de *West side story*. Si el feminismo se decanta hacia aspectos emocionales o vivenciales, el pensamiento crítico será anulado. Y sin un análisis crítico de la realidad, de lo que se teoriza con relación a las mujeres, lo que somos o dejamos de ser, solo queda aceptar la última ocurrencia intelectual como gozosas corderillas. Las primeras en la lista dispuestas al sacrificio. No podemos ser más que lo que se nos dice que debemos ser. Tenemos que representar todo y nada a la vez: la identidad, la diversidad, la vulnerabilidad, la interseccionalidad, el relativismo, la libre elección y la resignificación del cuerpo. El feminismo no puede ser emocional, vivencial y acrítico. Ser feminista no es una vivencia íntima. Es identificarse con una agenda y no dinamitarla para que se adapte a las expectativas de cada una o uno.

Vivir en una realidad distópica es una amenaza para la democracia y el feminismo. Si la democracia es débil, las primeras en sufrir las consecuencias somos las mujeres. Debemos, por ello, tomar conciencia de las amenazas que están ahí, al acecho, esperando el momento oportuno para clavar el aguijón de la misoginia, que es como empieza todo discurso reactivo contra las mujeres. Cada tiempo histórico introduce nuevos debates, nuevas polémicas y propuestas, y poder entresacar el hilo conductor que caracteriza cómo se explican las «relaciones sexo/género» es la tarea del feminismo. El feminismo, a lo largo de la historia, señaló con certeza las trampas conceptuales elaboradas para impedir el avance hacia la igualdad de las mujeres. Palabras llenas de significado político que, sin embargo, traían y traen desesperanza vital y política para las mujeres: ciudadanía, individuo, clase, igualdad y las del tiempo presente «subjetividad» y «diversidad». La mixtura endemoniada de la subjetividad (identidad) y la diversidad provoca una oportuna «torre de Babel» que impide el acuerdo hasta en lo más básico. Sus primeras víctimas somos las mujeres.

El maridaje de la subjetividad y la diversidad en lo que afecta a las mujeres se puede describir como «historia de una negación». El relato del «no» tiene muchas formas de presentarse: no hay violencia de género, no somos el sujeto activo del feminismo, no hay un sexo biológico, no somos mujeres sino cismujeres, no somos «mujeres embarazadas» sino «cuerpos gestantes», no somos un grupo social sino colectivo. La designación de lo que quiera que seamos las mujeres, en cualquier caso, no nos pertenece: somos *heterodesignadas* y ahora también *transdesignadas*. Y quien se arroga el poder de la designación lo hace con espíritu patriarcal. Luchar contra las designaciones también es un buen modo de resumir la historia del feminismo. La moneda está en el aire: o feminismo o distopía patriarcal.

DEMOCRACIA FEMINISTA

La democracia será feminista o no será. Cuando la democracia comienza a perfilarse en la última mitad del siglo xix como la forma de gobierno posible y deseable, tres serán las teorías políticas que contribuirán a su fundamentación ideológica: el liberalismo, el socialismo y el feminismo. Qué modelo de sociedad es el más deseable, cuáles han de ser las condiciones mínimas para garantizar la autonomía de las personas, qué tipo de Estado es el más eficaz para resolver los problemas de la ciudadanía fueron y siguen siendo cuestiones inherentes a la propia democracia. Las diferentes, y en muchos casos antagónicas, respuestas estuvieron y están determinadas por la teoría política a la que se recurra. La cohabitación de las distintas ideologías en el escenario democrático no ha sido fácil, pero lo que distingue a la democracia de otras formas de gobierno —dictaduras, teocracias y autocracias— es que el sistema democrático da cauce al desacuerdo, garantizando, en cierta medida, la convivencia.

En el último tercio del siglo xx, el feminismo y la izquierda política limaron sus desconfianzas, quizá no tanto por convencimiento, sino por pragmatismo político. Contribuyó a ello también, en las sociedades democráticas, el intento de afianzar el «Estado de bienestar»: la idea de mejorar, completar y consolidar ese modelo social llevará al cruce de caminos entre el feminismo y el pensamiento político de izquierda.

Al referirnos al «Estado de bienestar» conviene tener presente que su origen estaba asociado a la formación de los Estados-nación. Desde su inicio, como indicara Giddens, «los sistemas de bienestar se crearon como parte de un proceso más general de construcción del Estado»[2] en el que tres variables se convertirían en las propias del Estado de bienestar: trabajo, solidaridad y gestión de riesgos. Todo gobierno que hiciera suyo el modelo de bienestar situaría en el centro de la agenda política la creación de una sociedad en la que el trabajo ocupara un lugar prevalente como medida principal para combatir la pobreza. En segundo lugar, las autoridades de gobierno debían contribuir a promover la solidaridad nacional mediante una adecuada pedagogía social, y, por último, los Estados debían tejer una sólida red de programas de asistencia que fueran percibidos por la ciudadanía como forma de seguro social ante los previsibles peligros de un futuro incierto[3].

En términos absolutos, «Estado de bienestar» significa autonomía personal, entendiendo por tal la oportunidad de desarrollar nuestras capacidades, la realización personal y el ejercicio de la responsabilidad. Para el cumplimiento de estos

---

[2] A. Giddens, *Más allá de la izquierda y la derecha,* Madrid, Cátedra, 2000, págs. 141-142.

[3] «Las fuentes del Estado de bienestar son variadas. En primer lugar, las instituciones de asistencia tienen su origen en el esfuerzo por crear una sociedad en la que el trabajo, en el sentido de un empleo remunerado en la industria, ocupe un lugar central y definitorio [...]. En segundo lugar, el Estado de bienestar ha sido siempre un Estado nacional, y esta relación está lejos de ser casual. Uno de los principales factores que impulsan el desarrollo de sistemas de bienestar ha sido el deseo, por parte de las autoridades de gobierno, de promover la solidaridad nacional [...]. En tercer lugar, [...] los programas de asistencia son una forma de seguro social. "Seguro" quiere decir cualquier programa de gestión de riesgos orientado hacia cómo abordar un futuro abierto» (A. Giddens, *ibíd.,* págs. 141-142).

fines, las personas deben tener acceso independiente a los recursos. La autonomía personal, así pues, requiere tanto de recursos como de derechos sobre la propia existencia, y su efecto práctico es negar «la legitimidad de la autoridad paternalista entre los adultos ya sea cuando se trata de decisiones individuales o colectivas»[4]. En este sentido, no se concibe como posible reemplazar la autonomía personal por una autoridad paternalista, ya que el individuo quedaría en un estado de dependencia perpetua. Por lo tanto, una sociedad cuyo modelo sea el Estado de bienestar «ofrece a un grupo excluido del demos la oportunidad de apelar a la lógica de la igualdad para justificar su incorporación a la vida política, a la vez que debilita la capacidad de un grupo privilegiado para justificar sus derechos exclusivos a participar en ella»[5].

Ha sido precisamente la aplicación de la «lógica de la igualdad» lo que permitió al feminismo de los años setenta del siglo XX señalar las contradicciones del modelo de bienestar. La teoría política feminista, al analizar críticamente las ideas fundamentales del Estado de bienestar: trabajo, solidaridad y gestión de riesgos, puso de relieve que las vindicaciones de un colectivo excluido del *demos,* el de las mujeres, no podían ser consideradas tangenciales a la política real. Pero a la vez cuestionó de modo completo el modelo de Estado democrático, ya que la noción de trabajo, solidaridad y gestión de riesgos en la que los Estados se apoyaban legitimaba la familia patriarcal, solo otorgaba canal vindicativo a las clases sociales y excluía las tareas de cuidado de la gestión de riesgos y, por lo tanto, de los programas asistenciales.

Conviene, al menos, dar una sucinta explicación de lo anterior. Desde 1945, el Estado de bienestar intentó determinar cuál

---

[4] R. A. Dahl, *La democracia y sus críticos,* Barcelona, Paidós, 1992, página 124.

[5] *Ibíd.,* pág. 302.

había de ser el carácter del trabajo en las sociedades modernas. Se llegó a la conclusión de que el trabajo no solo tenía que ver con las recompensas materiales y una mejora de estas, sino que también definía el marco de las relaciones sociales y, por lo tanto, una consecuente mejora en las oportunidades de las personas. Ahora bien, una vez determinado el carácter del trabajo, el modelo de bienestar equiparó trabajo con empleo remunerado en el mercado laboral, partiendo para ello de la estructura subyacente de la familia patriarcal: durante buena parte del siglo XX se asoció pleno empleo a empleo masculino.

El feminismo a partir de los años setenta cuestionó radicalmente esta noción de trabajo, ya que partía de «un modelo con el trabajo como sino (de los hombres) y la domesticidad como sino (de las mujeres)»[6], excluyendo, por lo tanto, de la definición «oficial» de trabajo el realizado por las mujeres. Pero además el feminismo analizó críticamente las relaciones sociales implícitas en esta noción de «trabajo», ya que no solo negaba explícitamente una mejora en las oportunidades de las mujeres, sino que mantenía a estas en unas relaciones sociales de dependencia de los varones. El feminismo redefinió la noción de «trabajo» al desvincularlo de empleo remunerado y a la vez elaboró una agenda en torno al acceso de las mujeres al mercado laboral que hoy sigue vigente.

En cuanto a la noción de «solidaridad», segundo pilar del Estado de bienestar, fue concebida para contrarrestar la desigualdad de poder económico y social que padecían los ciudadanos. Para ello los Estados diseñaron políticas de distribución equitativa de la riqueza, en función de las cuales las instituciones gubernamentales ejercían un control moderado sobre el nivel de actividad económica. La garantía mínima de solidaridad económica dependía de que los gobiernos aplicaran, destacando solo algunas de ellas, políticas fiscales y mo-

---

[6] A. Giddens, *op. cit.*, pág. 144.

netarias, redistribución parcial de los ingresos a través de la Seguridad Social, políticas activas de empleo, control sobre los monopolios, subsidios y subvenciones. La variación en los énfasis de intervención —redistribución, estabilización o crecimiento— pasó a depender en muy buena medida de cuál fuera el sesgo ideológico de la autoridad gubernamental.

En cualquier caso, e independientemente del gobierno de turno, el indicador de análisis para la aplicación de políticas distributivas se articuló a partir de la noción de «clase social», por medio de la cual, y una vez más, las mujeres quedaban excluidas de cualquier atisbo de solidaridad económica. Correspondió, por lo tanto, al feminismo denunciar que la sola aceptación del criterio de «clase», por parte de gobiernos o agentes sociales, para luchar contra la desigualdad tendía a reforzar, paradójicamente, los mecanismos que producían la discriminación de las mujeres o los generaba directamente. Desde el feminismo se recurrió al concepto de «género» para afirmar que en la estructura económica el «género» era equivalente a la noción de «clase social». La «diferencia de género» operaba entonces y ahora en contra de las mujeres en la estructura económica al segregar los mercados laborales, sustentar la brecha salarial o condicionar las desiguales oportunidades de empleo y promoción de mujeres y varones. Para el feminismo se convirtió en prioritario que el indicador de «género» se tuviera en cuenta para la aplicación de políticas distributivas, de estabilización o crecimiento.

Pero las contradicciones del Estado de bienestar, por lo que a las mujeres se refiere, se expresaron también en la gestión de riesgos. El Estado «es esencialmente un sistema de gestión del riesgo. Está diseñado para proteger contra peligros que antes eran considerados disposiciones de los dioses: enfermedad, incapacidad, pérdida de empleo y vejez»[7]. Para

---

[7] A. Giddens, *Un mundo desbocado*, Madrid, Taurus, 2000, pág. 37.

hacer frente a la protección contra riesgos futuros, tanto personales como colectivos, se planteó la necesidad de consolidar derechos sociales básicos y articular unas garantías mínimas de protección. Para dotar a las personas de mecanismos de prevención y protección, los Estados tendieron a comprometerse a la universalización de la educación y la sanidad, a la cobertura económica ante situaciones de enfermedad o incapacidad y al sostenimiento de un sólido sistema de pensiones. Pero en las primeras décadas del modelo social del bienestar, los derechos sociales y los mecanismos de protección directamente vinculados a la vida personal y cotidiana no estuvieron asociados, sin embargo, a la individualidad: los destinatarios del sistema de salud y de los mecanismos de protección fueron las personas que tenían un puesto asalariado en el mercado de trabajo. Mayoritariamente correspondía al «cabeza de familia», varones en su conjunto, la responsabilidad ulterior de prevenir y proteger a los integrantes del grupo familiar que no percibían salario alguno.

El movimiento feminista criticó abiertamente que las políticas de prevención y protección, a través de la figura interpuesta del «cabeza de familia», tuvieran como destinatarias a las familias y no a los individuos, ya que mantenía a las mujeres en situación de dependencia económica y, por lo tanto, de indefensión o vulnerabilidad frente a riesgos futuros. En años subsiguientes, el modelo familiar continuó siendo el patrón de referencia para los gobiernos en su aplicación de políticas sociales de prevención y protección, pese a la incorporación de las mujeres al mercado laboral. Apareció así una nueva problemática: las mujeres liberadas del círculo vicioso de la dependencia económica eran, sin embargo, las «responsables naturales» de satisfacer las necesidades de cuidado del grupo familiar, mientras que los varones, por el contrario, se liberaron parcialmente de la responsabilidad subsidiaria aneja al estatus de único «proveedor natural». Al analizar la nueva situación, la teoría feminista argumentó razonadamente que las políticas sociales familiares no eran compatibles con las políticas de igualdad de oportunidades para mujeres y varones. Para que las mujeres no vieran condicionadas sus justas expectativas de autonomía personal y oportunidades sociales, los Estados debían incorporar a las políticas sociales de prevención y protección de riesgos futuros los servicios para el cuidado de la infancia y las personas mayores o dependientes. A su vez, se debía imponer un cambio en el significado social de los usos del tiempo que favoreciera la corresponsabilidad de mujeres y varones en el ámbito familiar.

En definitiva, la teoría política feminista alertó de que las reformas en el mercado de trabajo serían ineficaces si no contemplaban eliminar la división sexual del trabajo; el feminismo, a su vez, afirmó que la subordinación de las mujeres no se erradicaría si se las excluía de la solidaridad económica y señaló que si en la prevención y gestión de riesgos se partía de la asimetría sexual, se concedía estatus de legitimidad a roles sociales diferenciados para mujeres y varones. Por ello el modelo de bienestar no podía depender de mejoras coyunturales en el trabajo, la solidaridad y la gestión de riesgos, ya que no alteraban la estructura social en la que estas nociones se sustentaban, la estructura patriarcal de las sociedades. El efecto implícito de no alterar el significado social del trabajo, la solidaridad y la gestión de riesgos comportaba la aceptación social del dominio masculino sobre las mujeres y, por extensión, la ampliación de ese dominio masculino a la sociedad en general.

La teoría política feminista, al criticar el modelo de bienestar que excluía a las mujeres del acceso independiente a bienes materiales, fue tejiendo una agenda de la igualdad que no solo transformó políticamente las nociones de trabajo, solidaridad y gestión de riesgos, sino que además enriqueció el significado de la ciudadanía y perfeccionó los modelos de democracia. La calidad de una democracia y por ende del modelo de bienestar dependía, pues, de que, en la aplicación de políticas distributivas, de estabilización y crecimiento, se contemplara la variable «género». Una democracia real necesariamente implicaba una mejora social, política, económica, normativa, cultural y legislativa de la posición de las mujeres, y estos puntos constituyeron el mínimo de la agenda feminista.

La interpretación economicista

En los años noventa del pasado siglo, la teoría feminista acaba por convertirse en claro elemento de contraste entre las ideologías políticas de izquierda y las de derecha. La incorporación gradual de algunas de las tesis feministas a las formaciones políticas de izquierdas no fue producto de la casualidad. De hecho, en el marco de las confrontaciones ideológicas y de las teorías políticas en disputa las casualidades no existen. Toda ideología política contiene en sí misma una voluntad transformadora de la realidad, y en los años noventa del siglo pasado, una vez derruido el sistema de bloques, la confrontación política e ideológica se deslizó al plano exclusivamente de la economía. El conservadurismo político inmediatamente interpretó el hundimiento del sistema comunista como una victoria total y absoluta de su defensa del «capitalismo corporativo», del papel residual del Estado y de la prevalencia absoluta de la individualidad sobre los derechos sociales. Hoy denominamos a este corpus de creencias neoliberalismo. El neoliberalismo se arraiga, así pues, como sistema ideológico y desarrolla toda una estrategia de economía global: el «correcto» desarrollo económico de los países depende de que los gobiernos emprendan procesos de neoliberalización. La «nueva economía» representaba, además, la oportunidad de revertir el compromiso social y político con el Estado de bienestar, cuya consecuencia inmediata sería el progresivo estancamiento o deterioro de las formaciones políticas de izquierda.

Ante la ofensiva neoliberalizadora, la izquierda política necesitaba nuevas fuentes discursivas en las que, frente al «poder económico corporativo», se pusiera de manifiesto la importancia del «poder del Estado» en la apuesta por la globalización. El feminismo presentaba una sólida teoría acompañada de un programa de actuaciones políticas en áreas como la economía, la educación, la salud, la política, la cultura, las normas y las leyes en las que la intervención del Estado era esencial. La asunción de la agenda feminista por parte de las formaciones políticas de la izquierda frenaba doblemente los embates neoliberales: en los contextos nacionales, la ejecución de la agenda de la igualdad representaba un notable impulso al Estado de bienestar y, por lo tanto, al poder del Estado como garante del modelo; en el contexto internacional, al ser de por sí el feminismo un internacionalismo, indicaba las pautas de justicia y de inclusión social por las cuales debía discurrir la política global.

A partir de la década de los noventa, la incorporación de la teoría y la agenda feministas a las formaciones políticas de izquierda y su adaptación a políticas públicas de igualdad por medio de la socialdemocracia son hechos incuestionables. Los años previos de arduo trabajo del movimiento feminista y la militancia activa de mujeres feministas en el seno de las formaciones políticas de izquierda fueron allanando el camino para que en los inicios de los noventa el feminismo se integrara discursiva y programáticamente en los partidos políticos de izquierdas. Pero en demasiadas ocasiones la incorporación de las tesis feministas por parte de los partidos políticos de izquierda se debió más a motivaciones de orden pragmático que al convencimiento absoluto de que el feminismo disponía de los mejores argumentos teóricos y programáticos para hacer frente a la oleada neoliberalizadora y neoconservadora.

De lo anteriormente descrito se deduce que el riesgo para la democracia y por ende para el feminismo reside, en cierta medida, en la aceptación social del neoliberalismo, en los marcos normativos neoconservadores que tienden de modo casi imparable al populismo, pero también en evitar a toda costa que la estrategia neoliberal se cuele subrepticiamente en la izquierda política. Pero mucho me temo que el virus ya ha sido inoculado. La pérdida de rumbo de la izquierda política reside en el peso otorgado a la identidad (subjetividad) y la diversidad en detrimento de la igualdad. La subjetividad o identidad por sí misma es emocional y vivencial, se nutre del deseo, de la satisfacción inmediata, lo que la acerca, aunque sea inconscientemente, a los planteamientos neoliberales. Más aún, la ideología neoliberal no ignora que la principal correa de transmisión es remarcar la individualidad expresada como identidad. Cuando la izquierda pone el énfasis en la identidad o la diversidad, renuncia a la pedagogía cívica que late en la idea de igualdad: compromiso con el bien común, justicia social y sexual, solidaridad, respeto y dignidad.

Asistimos a un proceso de cambio en lo político, lo económico, lo religioso, lo moral y lo social. Solo estaremos ante un cambio civilizatorio, de mejora y avance de la humanidad en su conjunto, si en los procesos transformadores se inscribe la teoría feminista; si, por el contrario, el feminismo es relegado a un segundo plano, asistiremos a transformaciones «socioeconómicas», «nacionalpopulistas» o «socialpopulistas» que solo serán respuestas coyunturales e inmediatas a situaciones concretas. En el mejor de los casos, amortiguarán, siendo optimistas, discriminaciones, pero persistirán en mantener como estructural la desigualdad de las mujeres. Seremos las víctimas propiciatorias.

NACIONALPOPULISMO Y «CONTENCIÓN DEMOCRÁTICA»

La adhesión a la democracia radica en el hecho de que es el sistema de gobierno que con mayor eficacia lucha contra la injusticia social y mejor garantiza la distribución equitativa de la riqueza; pero además corresponde a las democracias avanzadas el reconocimiento y consolidación de los derechos civiles, políticos, económicos, sociales, sexuales y culturales. La calidad de una democracia se mide por la consolidación de los derechos de la ciudadanía. Sin embargo, hoy en día este ideal está totalmente amenazado.

La ideología neoliberal no solo reduce el espacio y la importancia de la política, sino también de los Estados:

> La globalización del sistema económico debilita, sobre todo, los instrumentos de intervención que se habían formado en un marco nacional, especialmente la capacidad de regulación y de control de las relaciones entre los actores económicos por un Estado capaz de intervención tanto social como económica[8].

Se restringe el papel del Estado, ya que no tiene por qué ser el responsable de articular mecanismos de protección social o de prevención ante riesgos futuros.

Así pues, la crisis económica y la incertidumbre que ha generado debilitan la propia confianza en la democracia y el ideal del bien común. En el contexto actual, en el que las decisiones dimanan de autoridades transnacionales poco representativas y en las que la arbitrariedad económica parece anteponerse a cualquier tipo de consideración social, la democracia se percibe como sistema político subordinado a los mercados y al sistema financiero: el indicador de «austeridad económica» sustituye al principio de «cohesión social». El abandono de políticas públicas cuyo referente sea la igualdad, las limitaciones impuestas al uso y disfrute de nuestros derechos y la sustitución del paradigma de la justicia social por un sentido de justicia coercitivo y punitivo terminan por afectar

---

[8] A. Touraine, *Después de la crisis,* Barcelona, Paidós, 2011, pág. 30.

a los grupos sociales más vulnerables o a colectivos que apenas en fecha muy reciente han logrado adquirir cierta posición de equiparación social. Si además discursivamente el ideal de igualdad es suplantado por el de sacrificio, el de libertad por el de orden y el de justicia por el de autoridad, las víctimas serán legión. Los valores arcaizantes de «sacrificio», «orden» y «autoridad», muy del gusto de la ideología política conservadora, contribuyen a la despolitización de la población en su conjunto y al debilitamiento de la sociedad civil organizada.

Así pues, mantener la sensación de crisis, sea en el plano económico o social, a lo que tan proclive es el conservadurismo político, favorece la implantación de la «estrategia de contención democrática». La privatización, la desregulación y la competencia determinan que el papel del Estado se reconduzca a «crear y preservar el marco institucional apropiado para el desarrollo de estas prácticas. Por ejemplo, tiene que garantizar la calidad y la integridad del dinero»[9]. En el actual contexto de incertidumbre social y política, tanto las estructuras políticas nacionales como las supranacionales están sometidas al poder de los mercados y a los organismos internacionales que, en vez de regular el poder económico, lo que hacen es regular y condicionar la toma de decisiones políticas. La limitación impuesta a los Estados en la toma de decisiones económicas conlleva la desprotección social de las personas, y al Estado se le ha vaciado de su capacidad para garantizar la cohesión social. La nueva regla de juego es que la economía mercantil regula el poder de los Estados.

La situación de incertidumbre sirve además de pretexto a los poderes económicos para articular un nuevo contexto social en el que los mecanismos de solidaridad económica se

---

[9] D. Harvey, *Breve historia del neoliberalismo,* Madrid, Akal, 2007, pág. 8.

puedan cortocircuitar sin que se produzca una temida conflictividad social. Entre la ciudadanía cunde la aceptación fatalista de que el crecimiento no será general, sino limitado a ciertos sectores productivos. Las ideas de austeridad o resignación han calado tan profundamente que ya una parte no desdeñable de la población asocia los derechos (trabajo, distribución de la riqueza, salud, educación, protección social...) a beneficios que solo se pueden disfrutar en periodos de bonanza económica. El neoliberalismo político, en el contexto actual, transforma la incertidumbre en valor político, y gracias a ello es aceptada la precariedad laboral como mal menor. La incertidumbre política no solo reduce significativamente las expectativas sociales, sino que además transforma en gestión eficiente la administración de lo escaso. El neoliberalismo, en definitiva, eleva la paradoja a categoría política al referirse con igual énfasis a la competitividad y a la moderación, al crecimiento y a la austeridad. El recurso a conceptualizaciones tan antagónicas en su significado social, político, económico y moral, sin establecer diferencia de valor alguno, termina por influir negativamente en la ciudadanía, que, impelida a elegir, acaba por abrazar decisiones no racionales.

Para que se produzca por parte de la ciudadanía una relativa conformidad hacia el modelo de «contención democrática», el conservadurismo político indica quiénes son los enemigos: los emigrantes, de un lado, y las mujeres cohesionadas en torno a la articulación política del feminismo. Tomar a las mujeres como grupo social de referencia de la «estrategia de contención democrática» es beneficioso para el conservadurismo político por varias razones: evita tener que articular políticas de igualdad sin que estos recortes presupuestarios agiten especialmente la indignación ciudadana; contribuye a debilitar al feminismo y a señalar a las feministas como feminazis que solo buscan su propio interés; lastra la consolidación de los derechos de igualdad y libertad de las mujeres, y, no menor en importancia, orienta a la ciudadanía en su conjunto hacia la asunción de valores más tradicionales. En un contexto de debilitamiento de la democracia y de negación de los derechos de las mujeres, no es casual que la misoginia y la reacción política se intensifiquen.

Economía global, izquierda local

La privatización de los servicios públicos, el recorte de los gastos sociales y de los derechos económicos y laborales, el derrumbe de las medianas y pequeñas empresas, la precarización y flexibilización del empleo, el aumento del desempleo, de la pobreza o el subempleo, el crecimiento de la deuda, una mayor concentración de la riqueza en manos de muy pocos y la profundización de la desigualdad deberían ser terreno abonado para que se reforzara una ideología progresista. Ahora bien, para enfrentarse a una economía política que parece imponerse a la cohesión social, no se pueden invocar modelos sociales arcaizantes que apenas logran caracterizar los nuevos modos de vida o la compleja red de relaciones en la que hoy vivimos. Si para luchar contra la injusticia social aplico solo criterios cuantitativos para disminuir el desequilibrio entre las clases sociales o la distribución desigual de la riqueza, no me desvío de una mirada estrictamente económica que a la postre no impedirá la reproducción de la desigualdad social de tipo estructural que es cualitativa y que afecta en mayor medida a las mujeres. El riesgo de aplicación de criterios cuantitativos para paliar una situación de injusticia es que tiende a promover la fragmentación social dando voz a unos colectivos sociales y desatendiendo a otros. Para el caso que nos ocupa, la lógica cuantitativa tiende a debilitar los instrumentos de intervención social de las mujeres, favoreciendo además la confusión entre feminismo, «mujerismo» o «generismo queer». Contrariamente a lo que cabría esperar, la denuncia por parte de la izquierda política de la presente desigualdad ha restado protagonismo a la vindicación de igualdad entre mujeres y varones.

Previamente al desastre económico, la izquierda ideológica había enriquecido su discurso incorporando a sus fines los planteamientos feministas: se incidía en el Estado de bienestar como proveedor de cuidados no solo articulando medidas de corresponsabilidad de la vida laboral y familiar, sino facilitando además la autonomía de las personas; al trazar el mapa de los derechos cívicos, se concedía especial importancia a los derechos sexuales y reproductivos de las mujeres, y la aspiración a una ciudadanía plena de las mujeres se tradujo en el objetivo paridad no solo en el ámbito de lo estrictamente político sino también en el mundo de la empresa, el saber y la cultura; a su vez, los mecanismos de regulación de la economía incorporaban, aunque fuera tímidamente, programas específicos de accesibilidad al empleo para las mujeres y medidas para evitar la brecha salarial o promovían incentivos para la contratación preferencial de mujeres en sectores eminentemente masculinizados. En definitiva, la lucha efectiva por la igualdad entre mujeres y varones determinaba el diferencial entre las propuestas programáticas progresistas y el conservadurismo político. La economía real o productiva era la referencia a partir de la cual se diseñaban las políticas públicas, y a los Estados y gobiernos correspondía armonizar economía política y modelo social. A su propuesta más aventajada se le llamó «socialdemocracia».

En la defensa de la igualdad de oportunidades, la izquierda ideológica reforzó además su veta más internacional: para edificar sociedades justas y libres se debía distribuir equitativamente la riqueza, garantizar el acceso universal y gratuito a la educación y la salud y desarrollar programas sociales a lo largo de todo el ciclo vital de una persona, desde su infancia hasta la vejez. Sin embargo, la triunfante globalización económica, interesada en expandir los mercados financieros imponiendo restricciones al arbitraje de los Estados y debilitando los instrumentos internacionales de intervención social y política, ha sustituido el modelo de sociedades justas políticamente por el de sociedades más eficientes económicamente. Ante el carrusel de la codicia y la desigualdad, la izquierda política no ha sido capaz de frenar la ofensiva globalizadora y neoliberal ni a través de estrategias nacionales ni a nivel internacional. En su afán de preservar determinadas políticas sociales, las relativas a educación o salud, o sostener propuestas de mejora del Estado de bienestar, se plegó en su totalidad a un modelo económico contrario a sus principios de justicia social:

> El Estado del bienestar necesita una economía de crecimiento que apoye sus programas redistributivos, pero la estructura de la economía es tal, que el crecimiento solo puede asegurarse mediante políticas inconsecuentes con los principios de justicia que subyacen a tales programas de bienestar[10].

Y en los aspectos más cualitativos para luchar contra la desigualdad estructural, las políticas de reconocimiento son imprescindibles. Pero una parte de la izquierda ha sucumbido también a las tesis posmodernas y relativistas. El posmodernismo y el relativismo son vehículos de transmisión del neoliberalismo.

El relativismo y la anomia política

El neoliberalismo como sistema ideológico está transformando el discurso político, contribuyendo a legitimar las desigualdades, partiendo de una nueva definición de la realidad

---

[10] W. Kymlicka, *Filosofía política contemporánea,* Barcelona, Ariel, 1995, pág. 103.

y estableciendo una defensa cerrada de la libertad individual. Se ha convertido en lugar común referirnos a la realidad social como fragmentada o polarizada, esto es, conformada por grupos sociales o colectivos con intereses diferentes, cuando no antagónicos. Si el diagnóstico social es la polarización, parece tarea casi imposible la emergencia de una voluntad de acción colectiva que tenga efectos sobre qué orientaciones debe tomar la sociedad. Afirmar, a su vez, que la sociedad está polarizada significa que no es posible acuerdo alguno sobre los derechos mínimos y necesidades básicas que impidan la conflictividad social. Ahora bien, que los actores sociales hayan perdido importancia solo significa, como afirma Touraine, que se ha dado paso a otro tipo de actores, los económicos, y al reino del mercado: «La vida económica en su conjunto se separa del resto de la sociedad, lo que amenaza con destruir las instituciones donde se construyen las normas y los modos de negociación sociales»[11]. Parece, pues, que frente a un «sujeto político» fragmentado y diverso, emerge un «sujeto económico» integrado y caracterizado por la acumulación, la inversión y la conquista de nuevos mercados. La evidente ruptura entre el mundo económico y el mundo social se percibe en la importancia concedida a la ley del máximo provecho y la devaluación sistemática del lenguaje político articulado en principios que extiendan y garanticen derechos.

La fragmentación social, en esta «economía globalizada», es rentable porque aviva el relativismo político o, lo que es lo mismo, la imposibilidad de acordar categorías sociales comunes para mejorar el nivel de vida de la población. Veremos que el feminismo está aquejado de esta misma fragmentación, que imposibilita hoy en día articular una agenda feminista. El neoliberalismo alimenta la heterogeneidad porque

---

[11] A. Touraine, *op. cit.*, pág. 33.

así se hace evidente la disparidad de intereses de los distintos grupos o colectivos sociales, por lo que acordar en materia de derechos se torna conflictivo. A su vez, la heterogeneidad social aviva el corporativismo que gracias a una supuesta «racionalidad económica» y aparente «apoliticidad» toma el control de la sociedad. La tensión entre beneficios o derechos es la viva expresión del relativismo político; y también lo es la tensión establecida entre deseos y derechos.

Así, por ejemplo, si observamos la política internacional, comprobamos que las exigencias del mercado económico mundial son tales que han situado en el mismo plano a países cuya forma de gobierno es una democracia y a países con gobiernos autoritarios o regímenes oligárquicos. El determinismo económico, que no introduce distinción alguna entre regímenes políticos, que prima beneficios sobre derechos, que no registra los niveles de «calidad de vida», opera con indicadores económicos que convierten a la población mundial en una gran colmena productiva. Ilusiones contables como el PIB sobredimensionan la actividad económica valorando el desarrollo económico en términos monetarios, pero subestimando el verdadero nivel de producción de un país, ya que no tiene en cuenta bienes y servicios no regulados por el mercado o actuaciones conducentes a la mejora en la calidad de vida. Así, por ejemplo, el PIB no incluye el trabajo realizado en el hogar o el trabajo voluntario; no tiene en cuenta la distribución del ingreso; no valora el tipo de bienes que se producen, calculando de igual modo la producción de armas que la de alimentos; ignora la contaminación ambiental que algunas actividades productivas generan. Sacralizar el PIB implica dar prioridad a indicadores de desarrollo económico como la «competitividad», la «eficiencia», la «flexibilidad» y los «beneficios» frente a indicadores como «el índice de desigualdad entre los sexos», que mide la desventaja que puedan experimentar las mujeres respecto a los varones en salud sexual y reproductiva, empoderamiento y mercado laboral, o el «índice de calidad de vida». El PIB lo mide todo, «menos lo que hace que la vida merezca ser vivida»[12].

El reduccionismo económico entiende como superflua la desigualdad entre los sexos, la desigual distribución de la riqueza y la oportunidad de acceso de la población a bienes y servicios públicos, y trata como anecdótica la brecha entre países ricos o pobres, los regímenes políticos no democráticos o el impacto social de determinadas acciones económicas. En la medida en que el neoliberalismo económico se convierte en hegemónico, se frenan las actuaciones multilaterales de los gobiernos que supongan un contrapeso a la avaricia economicista. Una buena prueba de la ausencia de reguladores políticos nos la brinda la institución de la ONU, que ha sido desplazada de modo absoluto por el protagonismo relevante del Fondo Monetario Internacional (FMI), que actúa como comisario económico del neoliberalismo. O, peor aún, podemos ver a la ONU comprometida en la aceptación de realidades distópicas en lo que concierne a la explotación sexual y reproductiva. Sus informes son confusos, sin respuestas nítidas que ayuden a erradicar la lacra de la prostitución o la práctica del alquiler de vientres. En definitiva, parecería que la ONU es más receptiva a los aportes económicos que a la mejora en dignidad de los seres humanos. Si la única referencia del ordenamiento mundial es la rentabilidad y eficiencia económica, lo

---

[12] La cita es de Kennedy, y, aunque extenso, transcribo el fragmento de su discurso en la Universidad de Kansas el 18 de marzo de 1968: «Sin embargo, el producto nacional bruto no tiene sitio para la salud de nuestros hijos, la calidad de su educación o la alegría de sus juegos. No incluye la belleza de nuestra poesía o la solidez de nuestros matrimonios, la inteligencia de nuestros debates públicos o la integridad de nuestros cargos públicos. No mide ni nuestro ingenio ni nuestro valor, ni nuestra sabiduría ni nuestra cultura. Lo mide todo, en pocas palabras, menos lo que hace que la vida merezca ser vivida». Citado en M. J. Sandel, *Justicia. ¿Hacemos lo que debemos?*, Barcelona, Debate, 2011, pág. 297.

que realmente estamos generando es un colapso de la gobernabilidad o ruptura de las normas políticas (anomia política). La anomia política no entiende de fines colectivos, ni de normas que sean medios para el cumplimiento de fines relativos a la justicia social o sexual ni de la distribución equitativa de los bienes para una mejora social y poblacional conjunta.

Así las cosas, la anomia política amenaza directamente a la democracia como sistema político, ya que la democracia requiere de un ordenamiento internacional, jurídico y político, que garantice, frente a los Estados constituidos, la defensa de los derechos civiles y políticos que le son consustanciales. El orden internacional debería ser un orden democrático, pero resulta

> ciertamente difícil hablar de un sistema democrático allí donde una gran empresa multinacional es capaz de desafiar al gobierno democráticamente elegido o allí donde una gran potencia puede permitirse el lujo de sustraerse a las deliberaciones de las Naciones Unidas o a una decisión del Tribunal de Justicia de La Haya[13].

Cuando no contribuyen a que tuerzan sus ideas originales.

Pragmatismo frente a ideología: la trampa neoliberal

Una consecuencia efectiva de la desregulación económica y la anomia política es la desideologización en lo político. El neoliberalismo como sistema de vida impulsa el relativismo político o el difuminado cínico de principios políticos como la «igualdad», la «libertad» y la «justicia». La tergiversación en el uso de estos conceptos políticos deriva en la exaltación del

---

[13] G. Jáuregui, *La democracia planetaria,* Oviedo, Nobel, 2000, pág. 140.

individualismo extremo y en la imposibilidad de un acuerdo sobre fines sociales colectivos. Así las cosas, se incrementan la desconfianza institucional y la fragmentación social. En este caldo de cultivo solo se precisan los ingredientes «crisis» o «incertidumbre» para convertir en triunfantes las propuestas neoliberales, ya que en periodos de «miedo social» se tornan más difíciles las acciones colectivas y la solidaridad social: «Cuando la expansión económica decae y los bienes de consumo son escasos, lo colectivo se convierte en un lujo demasiado caro, y se alaban los valores del individuo»[14]. Así es que, paradójicamente, en un periodo de crisis económica o poscrisis sale fortalecida la ideología neoliberal: se convierte en aserción dogmática la defensa de una libertad individual que pueda hacer o deshacer según sus preferencias y sea inmune a las consecuencias sociales adicionales que toda preferencia conlleva.

El énfasis en la libertad individual como expresión de deseos, emociones, identidades e intereses subjetivos produce dos efectos perversos. De un lado, se aceptará como expresión de dinamismo social, o fluir de las costumbres y creencias, la confrontación entre subjetividades, pasando a ser más relevante la autorreferencia intencional que las consecuencias del obrar subjetivo; se produce así una disociación entre individuo y sociedad que conduce a la atomización o fragmentación social y silencia la esfera de lo público. De otro lado, la certeza de que existen universos culturales y políticos divergentes obliga a una suerte de «coacción de imparcialidad» que contribuye a que la ciudadanía desaprenda en lo relativo a formas decisivas de cooperación social. Así pues, tanto el individualismo extremo como la existencia de universos políticos y culturales alternativos contribuyen a un estado de anomia cultural valorativa y política que se refuerza aún más con

---

[14] D. Cohen, *La prosperidad del mal,* Madrid, Taurus, 2010, pág. 141.

el discurso de «el fin de las ideologías» que solo sirve a los fines neoliberales. Esta coacción de imparcialidad se muestra claramente cuando abordamos cuestiones como la prostitución, la práctica del alquiler de vientres o la identidad de género.

La forma de dominación neoliberal reside en fuerzas tan anónimas y deslocalizadas como la «competencia», «las condiciones del mercado», «las presiones del capital» o «los inversores globales» que escapan al control democrático: «El capital ha logrado escapar del marco ético-legal cada vez más restrictivo, prominente y enojoso que el Estado-nación le imponía, para refugiarse en una nueva "tierra de nadie", en la que pocas reglas limitan, restringen o dificultan la libertad de iniciativa económica»[15]. Para llegar a esa «tierra de nadie» hay que resucitar una mentalidad social de aceptación del *statu quo* a partir de la cual se perciba como imposible alterar la realidad del «capitalismo globalizado». A tal fin decretar «la muerte de las ideologías» es un imperativo, ya que estas, por definición, presentan una actitud crítica respecto al «estado de las cosas» y pretenden mejorar o transformar completamente ese estado.

¿Cómo se consigue una mentalidad social desideologizada? Por aquello que se promete y se frustra, pero señalando como culpable de la frustración individual y de la precarización social a la política y no al sistema neoliberal, que promete un sinfín de expectativas vitales y no plantea traba alguna a las elecciones prácticas, sean del tipo que sean. Cuando la frustración individual y social es palpable, solo queda canalizarla hacia lo que Bauman definió como «comportamiento impulsivo» o «paradigma de la irracionalidad», por el cual no solo no es posible la interpretación del significado de los hechos, sino tampoco el acuerdo sobre los hechos mismos. A esta

---

[15] Z. Bauman, *La sociedad sitiada,* Buenos Aires, FCE, 1999, pág. 103.

polarización de la interpretación de los hechos o de los hechos mismos contribuyen con notable éxito los medios de comunicación. La gran mayoría de los medios han abdicado de su función informativa para convertirse en instrumentos de denuncia sistemática del gobierno o de los partidos políticos que conforman la así llamada «oposición». Los mismos medios de comunicación asumen las funciones de los partidos políticos contribuyendo así a convertir la acción política en singular y episódica.

El espacio de lo político queda absolutamente simplificado, sin proyectos a largo plazo, por lo que los partidos políticos se presentan en el momento actual más como maquinarias de agitación social o emocional. Están contribuyendo a incrementar el «paradigma de la irracionalidad». No hay mejor muestra que los mensajes populistas de algunas formaciones políticas. Resulta penoso constatar la existencia de partidos políticos que también abanderan la causa de «la muerte de las ideologías» en sectores de la izquierda política. Para ello sustituyen el lenguaje de los derechos por el de la demanda: tienden, así pues, a politizar las emociones. El enfoque emocional de las desigualdades no es rentable políticamente para los partidos políticos de izquierda. Al menos sería esperable que tomaran conciencia de que alentar el magma emocional, en último extremo, solo producirá réditos electorales a las formaciones políticas más conservadoras y a los populismos de derechas. Si logras que la ciudadanía desconfíe de la política, no tardará en sustituir la desconfianza por la idea de orden. Y eso solo beneficia a la derecha política.

Si cuestionamos la eficacia de las ideologías, no hay modo, como afirma Bauman, de dirimir si una visión del mundo u otra es más o menos justa. Solo queda la aceptación acrítica de la variedad. Si las ideologías perecen, pierde su justificación cualquier compromiso activo con la sociedad, ya que no es preciso adoptar ninguna postura. Asumir políticamente el fin de las ideologías supone desplazar las fronteras de la justicia a los límites de un contrato y sustituir el lenguaje de los derechos por el de la demanda. El poder político abdica de establecer una agenda cuyo fin sea legitimar, promover y cumplir un conjunto de valores específicos. Se produce con ello también un estado de conformidad por el cual la ciudadanía termina por aceptar que las relaciones sociales son, en último extremo, asimétricas. Si, por ejemplo, tomamos en consideración la agenda feminista, constatamos que no solo el conservadurismo político la rechaza, sino que la izquierda política la aborda presentándola como equivalente a otras demandas que pueden ser contrarias a la causa feminista: defensa de la prostitución como trabajo, regulación favorable a la práctica del alquiler de vientres, defensa de la pornografía, defensa de la «identidad de género», por citar las más relevantes. La desideologización política tiende a convertir en equivalente lo antagónico. El nuevo contexto de acción política fragmentada supone un retroceso para avanzar en la igualdad entre mujeres y varones. La desideologización política tiende a preservar el universo misógino y dar cobijo a todo tipo de procesos reactivos.

Misoginia y misantropía

Culturalmente el universo misógino representa un contravalor a los valores de igualdad y reconocimiento. Por misoginia entendemos la aversión u odio a las mujeres que consiste en despreciar a las mujeres por su sexo. La misoginia puede revelar una tendencia ideológica retrógrada. Pero también puede estar asociada a un sentimiento generalizado de desprecio hacia todas las personas: la aversión a las mujeres suele ser, en algunos casos, un síntoma también de misantropía. Misoginia y misantropía se dan la mano para invalidar las políticas de reconocimiento, para negar mecanismos de inclusión, para denostar lo «políticamente correcto», para convertir a la democracia en un sistema político cínico y formal donde «mandan los que tienen que mandar». En la transmisión de la misoginia, por ejemplo, se recurre de modo constante a los estereotipos, a las percepciones o creencias de que los sexos son fundamentalmente diferentes o, en la versión posmoderna, a que el «sexo» no designa nada y solo cabe referirnos a identidades subjetivas. La misoginia campa a sus anchas en columnas de opinión y en las redes sociales.

En definitiva, tanto la misantropía como la misoginia esconden un rechazo profundo a la democracia. Políticamente la misoginia y la misantropía suelen mostrar objetivos coincidentes: ideológicamente se persuade a la gente que detesta la paridad, la presencia equilibrada de mujeres y varones en las instituciones, a que también muestre un rechazo profundo a los impuestos progresivos. Como afirma R. Dworkin, no existe razón natural alguna que explique por qué quienes defienden una reducción de los impuestos o la educación y la sanidad privadas deberían, a su vez, ser menos sensibles a los derechos sexuales y reproductivos de las mujeres o por qué deberían rechazar también las medidas de acción positiva o las regulaciones medioambientales[16]. No existe una razón natural, pero sí una razón política de deliberado rechazo a los instrumentos de intervención para generar mecanismos de igualdad de oportunidades o construir cadenas de solidaridad cívica. El elitismo o defensa de una posición privilegiada sustenta tanto la misantropía como la misoginia, y ello entra en contradicción con los principios democráticos. Pero además, desde determinadas posiciones políticas, que contienen dosis agudas de misantropía o misoginia, se defiende una concepción del mundo totalizante en la que la defensa cerrada de la religión se convierte en un escudo a tener muy en cuenta.

---

[16] R. Dworkin, *La democracia posible,* Barcelona, Paidós, 2008, pág. 17.

Ser mujer / hacer-se mujer

Los discursos reactivos
en las tres primeras olas del feminismo

Para encarar una situación adversa nada mejor, como afirma Amelia Valcárcel, que una buena cronología: saber qué ha sucedido y sucede es el paso a la autorreflexión, a poder verse y juzgar ese nuevo lugar para entender qué nos pasa. Una buena cronología nos orienta en lo que es relevante, nos ayuda a interpretar lo que sucede, nos aporta una agenda que indica lo que ha de hacerse y nos constituye en un movimiento comprometido con la resolución de la agenda. Resumidamente así ha procedido el feminismo desde que surgiera como una de las tradiciones políticas de la modernidad. En el contexto europeo nos referimos a tres etapas u olas: feminismo ilustrado, feminismo sufragista y feminismo contemporáneo. En América reducen las olas a dos, quizá, como afirma Amelia Valcárcel, por «error de perspectiva» o por «ahorrarse esfuerzos»:

> Por último, ignorar el feminismo barroco y el ilustrado europeos nos hace aparecer a Europa y América como sociedades distintas, siendo así que somos sociedades conti-

nuas [...]. Es ya más que un error de perspectiva o simples ganas de ahorrarse esfuerzos. Descoloca y borra los perfiles políticos e históricos de esta enorme fuerza de cambio[17].

Así pues, referir la historia del feminismo, el discurso por el cual se argumenta y articula políticamente que ningún individuo de la especie humana debe ser excluido de cualquier bien y de ningún derecho a causa de su sexo, a partir de oleadas que se producen en determinados contextos históricos, no responde a una metáfora casual. El recurso a la utilización metafórica de la ola describe a la perfección lo que el feminismo es, un movimiento político y social que se impone de forma arrolladora por la fuerza desatada en torno a la idea de igualdad: «El sexo no debe excluir de bienes y derechos, y la dominación masculina es uno más de los injustos privilegios que abolir»[18].

Cada ola del feminismo, y no por casualidad, se ha desarrollado en grandes momentos de transformación política y social. El feminismo, al ser un movimiento político y social, exigió aquello mismo de lo que los varones gozaban o reclamaban, ni más ni menos. Y ante la exigencia planteada por el feminismo, en cada uno de sus contextos históricos, se produjo también lo que hemos dado en llamar «movimientos reactivos» o negación total o parcial de que las mujeres seamos agente de cambio social y político y acreedoras de iguales derechos que los varones. Gracias a la perspectiva histórica podemos analizar los siglos que nos precedieron y el momento presente para constatar que la capacidad transformadora parece reposar en los varones y solo de modo «subsidiario» o «graciable» alcanzar a las mujeres. Ser feminista es luchar

---

[17] Amelia Valcárcel, *Ahora, Feminismo,* Madrid, Cátedra, 2019, pág. 46.
[18] Amelia Valcárcel, *Feminismo en el mundo global,* Madrid, Cátedra, 2008.

contra la exclusión de las mujeres, bien porque no se nos considere agentes de cambio político y social, bien porque sean «otros» quienes designen lo que somos o dejamos de ser. Ser feminista es luchar contra los discursos reactivos y las trampas conceptuales. A veces las trampas aparecen donde menos se las espera. El feminismo cuenta en su haber con cuatro siglos de existencia. En todos y cada uno de los distintos contextos históricos, el feminismo ha tenido que sortear la urdimbre patriarcal por la cual se pretende atrapar a las mujeres en el poder de las designaciones y de lo que debemos hacer o nos cabe esperar como mujeres.

Las trampas conceptuales de la «diferencia sexual» y la «complementariedad de los sexos» contra el feminismo ilustrado

En términos políticos, el siglo XVIII se caracteriza por la disolución del Antiguo Régimen y las sucesivas revoluciones políticas acaecidas tanto en América del Norte como en Europa. La Revolución Francesa simbolizará el culmen de esa transformación social y política. A su vez, dos nuevas categorías políticas emergerán con luz propia, manteniendo viva su llama hasta nuestros días: «igualdad» y «ciudadanía». Si la idea de «igualdad» simboliza la lucha y vindicación por la extensión de derechos, la idea de «ciudadanía» contiene por sí misma el alumbre de una nueva forma de gobierno, la democracia. Pero de ambas categorías políticas, igualdad y ciudadanía, las mujeres quedaron excluidas en el siglo XVIII. Para entender cómo se pudo llevar a efecto el mecanismo de exclusión de las mujeres del nuevo orden político y social se hace necesario describir previamente cuáles fueron las ideas políticas que estaban presentes en el siglo anterior, el siglo XVII.

El «estado de naturaleza» y la «sociedad civil»:
la libertad y la propiedad

En el siglo XVII se debate sobre la naturaleza del poder. Las posiciones enfrentadas partían de la idea de que el poder era o bien natural o bien convencional. Los teóricos que sostenían que el poder era natural continuaban las tesis esgrimidas en siglos anteriores. Entendían la familia como metáfora del orden político, lo que legitimaba las relaciones de superioridad y subordinación, tal como sucede en la relación de padre-hijo. El más conocido defensor de esta tesis en el siglo XVII fue Filmer, que con su libro *Patriarca* fijaría la denominación por la que hoy se les conoce, «patriarcalistas». En la posición contraria se sitúan autores como Hobbes, Puffendorf y Locke. Sostenían que el poder político es convencional, esto es, surge del acuerdo o pacto. Con matizaciones, coincidían en argumentar que no hay relaciones naturales de subordinación y superioridad, sino que los individuos nacen libres e iguales. Recurrieron a la hipótesis del estado de naturaleza para mostrar la posición originaria de «libertad natural» de todos los individuos. Pero la «libertad natural», propia del «estado de naturaleza», genera inseguridad, dada la propia naturaleza del ser humano. El riesgo de extralimitación es real por parte de un individuo o grupo de individuos. Para garantizar la seguridad, todos los seres humanos han de ceder parte de su «libertad natural», y a cambio de esa cesión se obtiene «libertad civil», cuya protección se hace depender del Estado. Se produce así el tránsito del «estado de naturaleza» a la «sociedad civil». La «sociedad civil» surge, pues, de un pacto o contrato suscrito por individuos libres. A estos filósofos se les denominaría «contractualistas». Debemos por ello entender que la naturaleza del poder reside en la capacidad de pactar. Con mayor o peor fortuna, los contractualistas fijarían la teoría política de la modernidad, muy especialmente Locke. Pero debemos entrar en mayor detalle para determinar qué va a suceder con las mujeres en el universo del contractualismo.

En el año 1680 aparece la obra de sir Robert Filmer *Patriarca o del poder natural de los reyes,* un alegato a favor de la idea patriarcal del poder y de que este se ejerce por derecho divino. Para Filmer, la «ley natural» es expresión de la voluntad divina, siendo los reyes descendientes directos de Adán, por lo que no es natural que el pueblo gobierne o elija quién debe gobernarlo. En Filmer, el concepto «ley natural» sobrepasa el marco jurídico-político para identificarse con todas las normas que rigen la realidad. Y por ley natural todos los hombres nacen esencialmente desiguales, unos libres y otros esclavos; por ley natural la mujer está supeditada al varón; por ley natural el rey tiene poder absoluto sobre sus súbditos. Así pues, por «naturaleza» el hombre no posee el don de la libertad, ni la capacidad de resistencia ni el derecho de elección.

Locke refutará la tesis de Filmer en su *Primer ensayo sobre el gobierno civil.* El sistema de Filmer —escribe Locke— descansa en dos premisas: «Todo gobierno es monarquía absoluta» y «ningún hombre nace libre». Ninguna de ambas tesis puede, según Locke, ser fundamentada ni por la Escritura ni por la Razón. Filmer malinterpreta el Génesis al entender que Dios creó a Adán y le dio la soberanía sobre Eva y, por deducción, sobre todas las criaturas: no hay pruebas ni conexión coherente entre el texto bíblico y las afirmaciones que hacen de Adán el rey de la creación, que le da el poder sobre todas las criaturas y le hace soberano de una descendencia aún inexistente. No hay base en las Escrituras para suponer una sanción divina del dominio de Adán sobre la mujer. Todo lo contrario, el Génesis dice que «Dios les bendijo y les dijo: "Dominad a todos los seres"». Ambos, varones y mujeres, recibieron así el mismo mandato divino. ¿Con qué derecho se puede proclamar la soberanía del hombre sobre la mujer? Locke anticipa alguna de las ideas que van a ser ampliamente tematizadas por las mujeres que suscriben el texto de la declaración de Seneca Falls en el siglo XIX, pero no porque Locke amplíe el campo de la «libertad civil» a las mujeres. Empiezan los matices de exclusión de las mujeres.

¿Qué entenderán los contractualistas y muy concretamente Locke por «libertad»? Su respuesta nos alerta sobre lo que les cabe esperar a las mujeres: «La libertad consiste, más bien, en que cada uno pueda disponer y ordenar, según le plazca, su persona, acciones, posesiones y su propiedad toda»[19].

¿Quién será dueño de sí mismo y, por lo tanto, libre? El propietario. Locke vincula propiedad y libertad. Más aún, la propiedad, siendo un bien presente en el estado de naturaleza, es la que precipita el tránsito a la «sociedad civil». La defensa de la propiedad solo se puede garantizar por medio de un gobierno civilmente constituido. El gobierno se configura como depositario de la confianza de individuos libres que a su vez son propietarios[20]. La propiedad será el bien que favorezca el desarrollo individual y la felicidad, por lo que todos los individuos constituidos en «sociedad civil» compartirán el mismo interés: preservar la propiedad de potenciales amenazas.

¿Qué sucede con las mujeres y la idea de propiedad en el universo lockeano? En el estado de naturaleza, según Locke, encontramos las primeras formas de sociedad encarnadas en el matrimonio y posteriormente la familia. Pero el matrimonio o la familia no alcanzan a formar una sociedad civil.

---

[19] J. Locke, *Dos ensayos sobre el gobierno civil*, «Primer ensayo», § 4, Madrid, Espasa, 1997.

[20] «Entiendo, pues, que el poder político consiste en el derecho de hacer leyes, con penas de muerte, y por ende todas las penas menores, para la regulación y preservación de la propiedad; y de emplear la fuerza del común en la ejecución de tales leyes, y en la defensa de la nación contra el agravio extranjero: y todo ello solo por el bien público» (J. Locke, *ibíd.*, § 3).

> La *primera sociedad* fue la que se estableció entre el hombre y su esposa, y esta, a su vez, dio origen a la existente entre los progenitores y los hijos, a la que, con el tiempo, habría de añadirse la que relaciona al amo con el esclavo. Pero, pese a que todas ellas podían llegar a coincidir [...] y formar una familia [...] ni siquiera todas reunidas, alcanzan a conformar una sociedad civil[21].

Al considerar la familia y el matrimonio fuera del orden civil, se desplaza a aquella de la centralidad política y se diluye con ello su uso como metáfora del Estado, ampliamente utilizada por quienes defendían, como Filmer, que el poder se ejerce por derecho divino. Pero además Locke está afirmando que la familia y las relaciones conyugales representan los vestigios del orden de la naturaleza y, por ello, la ley propia de la familia, «ley familiar», es precívica:

> Consideremos, pues, a un jefe de familia con todas esas relaciones subordinadas de mujer, hijos, servidores y esclavos, unidos bajo una ley familiar de tipo doméstico, la cual, a pesar del grado de semejanza que pueda tener en su orden, oficios y hasta número con una pequeña nación, se encuentra de ella remotísimo en su constitución, poder y fin[22].

Y debido a esa «ley familiar», el varón se eleva y tiene preeminencia sobre la mujer:

> Ahora bien, pese a que el marido y la mujer mantienen una tarea en común, sin embargo, sus *entendimientos* son distintos y, consecuentemente, sus voluntades pueden diferir en algunas ocasiones; y dado que es necesario que la determinación última, esto es, el gobierno, esté situado en

---

[21] J. Locke, *op. cit.*, «Segundo ensayo», § 77.
[22] J. Locke, *op. cit.*, «Segundo ensayo», § 86.

alguna parte, recae, por naturaleza, en el lado del varón, por ser este el más *fuerte* y *capaz*[23].

Toda la finura argumentativa de Locke se diluye cuando a las mujeres se refiere, ya que mantiene intacto el «tradicional» privilegio social e intelectual masculino. Como afirma C. Pateman en su libro *El contrato sexual*: «Solo los varones tienen naturalmente las características de los seres iguales y libres. Las mujeres están naturalmente subordinadas a los hombres y el orden de la naturaleza se refleja en la estructura de las relaciones conyugales»[24]. La subordinación de las mujeres reposa, pues, en características naturales de los sexos. Las mujeres carecen o poseen en grado menor las características naturales que, por el contrario, convierten a los varones en seres libres: entendimiento, fuerza y capacitación. La diferencia en «atribuciones naturales» de varones y mujeres determina la diferencia entre libertad y sujeción.

La libertad será un atributo masculino. Si las mujeres no son libres, no tienen capacidad de decisión y no pueden formar parte del contrato originario. Por el contrario, y como afirma C. Pateman, ellas mismas son objeto del contrato. Los contractualistas separan así de manera definitiva dos esferas de acción y realización de los sujetos: una esfera pública de realización de los varones, donde tiene lugar la libertad civil, que es la políticamente relevante; y una esfera privada, donde inscriben el matrimonio y la familia, de realización de las mujeres, que no es políticamente relevante.

Con Locke quedaría abierto el camino a la «naturalización» de las mujeres: al ser natural la sujeción de las mujeres, esta sujeción será irrelevante en las controversias del poder

---

[23] J. Locke, *op. cit.*, «Segundo ensayo», § 82 (la cursiva es mía).
[24] Carol Pateman, *El contrato sexual*, Barcelona, Anthropos, 1995, página 75.

político. Para el caso de las mujeres, apela a una «ley familiar» que curiosamente coincide con la que sostenían los «patriarcalistas»: unos como otros no ponen en duda que las mujeres han de estar bajo la autoridad masculina. Discrepan en el grado de poder que un marido pueda tener sobre la esposa. Locke no aceptará que el poder ejercido sobre las esposas pueda ser absoluto: no pueden tener poder de vida y muerte.

Sin embargo, en el siglo XVII, por parte de los teóricos del poder no existía pretensión alguna de dar continuidad a la polémica de los siglos precedentes sobre la «excelencia» o «estupidez» de las mujeres:

> En los albores de la Baja Edad Media y en el entorno del nacimiento y expansión del gótico ciudadano y las formas civilizatorias bajomedievales [...] surge una literatura peculiar que llamaré «discurso de la excelencia de las nobles mujeres» [...]. Este «discurso de la excelencia» no se produce sin disenso: tiene como paralelo continuado una literatura misógina, por lo común clerical pero también laica, que, a su vez, viene de remotos orígenes. Ambos, el discurso de la excelencia y el misógino, compiten hasta el Barroco de forma casi ritualizada. Uno exalta las virtudes y cualidades femeninas y da de ellas ejemplos. Otro se ensaña en los defectos y estupidez pretendidamente ingénitos del sexo femenino con una plantilla de origen que habría de remitirse a los Padres de la Iglesia o incluso a Aristóteles[25].

Para los teóricos de la naturaleza del poder es irrelevante descifrar cuáles sean las cualidades o carencias de las mujeres. El interés teórico y político relativo a las mujeres, más groseramente acusado en el siglo XVIII, se centrará en prescribir normativamente y de acuerdo con las nuevas categorías políticas de «libertad», individualidad», «propiedad» y «felicidad» qué

---

[25] Amelia Valcárcel, *op. cit.*, pág. 29.

son las mujeres y qué les cabe esperar: si el reconocimiento de las mujeres como «individuos» es cuestionable, el disfrute de la «libertad civil» les será ajeno; si del disfrute de los bienes y la propiedad se hace depender la felicidad y las mujeres carecen del pleno acceso a la propiedad, entonces el «ideal de felicidad» para las mujeres es servir de medio para la felicidad de otros, los varones.

Comienza la designación politizada de lo que las mujeres somos, cuyo objetivo no es abundar en las recurrentes polémicas sobre la «excelencia» o «fatuidad» de las mujeres, «lucha de sexos», sino trazar con garantías de futuro cómo ha de ser el nuevo orden social y político y cuál ha de ser el «papel» reservado a las mujeres. Si tuviera que aplicar controversias actuales para hacer más inteligible lo que de las mujeres afirman tanto «patriarcalistas» como «contractualistas», afirmaría que los teóricos «patriarcalistas» son fieles representantes del «determinismo biológico» y los filósofos «contractualistas» serían claros exponentes del «constructivismo social». Ambas tradiciones coinciden en explicarnos qué nos cabe esperar a las mujeres y ambas tradiciones pretenden fundamentar los mecanismos de exclusión social y política de las mujeres. Conviene tenerlo presente para no despistarnos ante polémicas actuales. De igual modo que conviene no olvidar que, contra la tendencia a la designación politizada de lo que significa «ser mujer», emerge, ya en el siglo XVII, el feminismo como movimiento teórico y político.

El siglo XVIII y la negación de las mujeres como «ciudadanas»

La brecha abierta por los teóricos contractualistas en cuanto a disposiciones naturales diferenciadas de los sexos se radicalizará de modo absoluto en el siglo XVIII. Su máximo exponente será Rousseau. A diferencia de Locke, que hacía depender la libertad del disfrute de la propiedad, Rousseau asocia la libertad al reconocimiento de igualdad entre «los hombres»: «Tan pronto como los hombres hubieron comenzado a apreciarse mutuamente, y tan pronto como la idea de consideración se formó en su espíritu, todos pretendieron tener derecho a ella, y ya no fue posible que impunemente le faltara a nadie»[26].

Y serán iguales aquellos que se asocien para constituir una sociedad civil, los varones. De ellos dependerá «regular las condiciones de la sociedad»[27]. Y, como no podía ser de otra manera, Rousseau procederá a regular lo que las mujeres seamos. En el capítulo IV de *El contrato social* aborda Rousseau la cuestión de la esclavitud, afirmando que quien sea capaz de «enajenar su libertad», esto es, ceder o vender su libertad, «no está en su estado normal»[28]. A su vez, en el final del *Emilio*, en el capítulo dedicado a Sofía, Rousseau incide una y otra vez en que la mujer «está hecha para someterse al hombre, incluso para soportar sus injusticias»; el varón, por el contrario, nunca podrá ser reducido, ya que en él «se exalta el sentido interior que se revuelve contra la injusticia, pues la naturaleza no lo formó para tolerarla»[29]. Qué sea ese «sentido interior» Rousseau no lo describe, pero hoy quizá lo llamaríamos «subjetividad». Así pues, en el universo constructivista roussoniano, los varones son libres, y las mujeres, anomalía pura.

---

[26] J.-J. Rousseau, *Discurso sobre el origen y los fundamentos de la desigualdad,* en *Obras selectas,* Madrid, Edimat, 2000, pág. 313.

[27] J.-J. Rousseau, *El contrato social,* en *Obras selectas, op. cit.,* pág. 76.

[28] Volveré sobre este capítulo de *El contrato social* cuando aborde la cuestión de la práctica del alquiler de vientres, porque describe a la perfección los límites de la libertad cuando afecta a menores. Me servirá también para argumentar que los defensores de esta práctica tienen una imagen de las mujeres muy, muy roussoniana.

[29] J.-J. Rousseau, *Emilio o la educación,* Barcelona, Bruguera, 1979, pág. 498.

Anatomía comparada: la diferencia sexual

En el siglo XVIII, la naturaleza se deja oír con toda su fuerza. Se procede a desmenuzar las características anatómicas y fisiológicas de mujeres y varones con la pretensión de resaltar aquellas diferencias que se correspondieran con las diferencias culturalmente establecidas, como señala Laqueur: «Las estructuras que se habían considerado comunes a hombre y mujer —esqueleto y sistema nervioso— fueron diferenciadas de forma que se correspondieran al hombre y la mujer culturales»[30]. La mirada se dirigió a lo considerado siempre «lo otro»: las mujeres y sus cuerpos. Los anatomistas del siglo XVIII se desprenden de la herencia aristotélica que consideraba a las mujeres «varones mutilados». Si en los siglos anteriores al XVIII no era preciso recurrir a la diferencia sexual para apoyar la idea de que las mujeres estaban subordinadas a los varones, ahora era imperativo fundamentarlo por medio de un hecho físico: el sexo[31]. El siglo XVIII, gracias a las prácticas anatómicas, presentará a las mujeres como criaturas diferentes a los varones.

La novedad del énfasis en la diferencia sexual estará mediada por consideraciones políticas: ¿es posible sostener la

---

[30] T. Laqueur, *La construcción del sexo,* Madrid, Cátedra, 1990, pág. 259.

[31] «Dicho de otro modo, la labor cultural que en el modelo de una carne había hecho el género se volcaba ahora en el sexo. Aristóteles no necesitó hechos de la diferencia sexual para apoyar la tesis de que la mujer era un hombre menor [...] la afirmación de que en la generación el varón era la causa eficiente y la hembra la causa material no era físicamente demostrable en principio; era por sí misma una reafirmación de lo que significa ser hombre o mujer. Por ello, la naturaleza concreta de los ovarios o el útero era solo incidental para la definición de la diferencia sexual. En el siglo XVIII ya no era ese el caso» (T. Laqueur, *ibíd.,* pág. 262).

subordinación de las mujeres frente al principio ilustrado de «todos los hombres son iguales por naturaleza»? ¿Puede la biología justificar el estatus social diferente de varones y mujeres? Rousseau, entre otros, asumirá la tarea de la respuesta y establecerá un nuevo principio de causalidad: las diferencias anatómicas y fisiológicas de mujeres y varones producen diferencias morales y sociales. No ignoraba el potencial emancipatorio que para las mujeres representaba la idea de «igualdad natural» descrita tanto por él como por otros ilustrados. De hecho, la «igualdad entre los sexos» se convirtió en un referente polémico: defensores de la igualdad entre los sexos recurrían de modo constante a la idea de «igualdad natural», pero, a su vez, los detractores, como Rousseau, de la igualdad entre los sexos debían procurar una argumentación que no cuestionara la «igualdad natural». Rousseau estaba doblemente obligado a desarrollar una sólida argumentación en contra de la igualdad de los sexos, ya que la menor fisura en su argumentación pondría en cuestión su obra entera, que tenía como vector principal la idea de «igualdad natural». Y, todo hay que decirlo, se empleó a fondo y con rotundo éxito: tanto es así que aun hoy en el siglo XXI podemos encontrar argumentos roussonianos por parte de aquellos que sostienen roles sociales diferenciados para mujeres y varones.

Rousseau dedica toda su obra *Emilio o la educación* a fundamentar que la desigualdad entre los sexos se debe a la naturaleza y no a los hombres. Se sirve de la práctica anatómica y científica para afirmar que la desigualdad social entre mujeres y varones procedía de la naturaleza diferenciada de los sexos. Más aún, sostuvo sin fisuras que ambos sexos tenían sus propios destinos peculiares, por lo que era vano referirse a mujeres y varones como iguales[32]. Como afirma L. Schiebinger,

---

[32] «... la vanidad de las disputas acerca de la preeminencia o igualdad de los sexos, como si encaminándose cada uno al fin de la naturaleza según

Rousseau esperaba demostrar que era la naturaleza, y no los hombres, la que había establecido las desigualdades entre los sexos. Para él, «no existía distinción alguna entre la mujer y lo femenino. Las diferencias sexuales biológicas modelaban las diferencias intelectuales y morales, las cuales a su vez hacían que los hombres y las mujeres fuesen aptos para diferentes esferas sociales»[33].

En el *Emilio* se establece como hecho probado que las diferencias anatómicas y fisiológicas entre los sexos explican las profundas diferencias en el carácter moral de mujeres y varones, y de ahí que, en consonancia con el sexo, a las mujeres corresponda un orden social y moral diferenciado del de los varones. Es la propia constitución relativa al sexo de varones y mujeres lo que los convierte en desiguales: «No existe ninguna equivalencia entre ambos sexos en lo que es consecuencia del sexo. El varón es varón en algunos instantes; la hembra es hembra durante toda su vida»[34]. La rotundidad de esta afirmación le permite a Rousseau rebatir a quienes pretendían afirmar la igualdad social para mujeres y varones: las diferencias anatómicas y fisiológicas determinan el orden social. La anomalía de las mujeres deriva del hecho de su propia naturaleza —ese «ser hembra» en todo momento— y, por lo tanto, la desigualdad intrínseca entre los sexos ha sido dada por la naturaleza y no por un capricho de los varones, ni por la educación o las costumbres, como argumentaban quienes defendían la igualdad de los sexos. Referirse a la igualdad de los sexos es, en opinión del ginebrino, «una manifestación vana» que abocaría a las sociedades a una indeseable «confusión de los sexos»: «Yo hablo de esa promiscuidad civil que en todas

---

su peculiar destino, no fuera en esto más perfecto que si fuera más parecido al otro [...]. Se deben parecer tan poco un hombre y una mujer perfectos en el entendimiento como en el rostro» (J.-J. Rousseau, *Emilio...*, *op. cit.*, pág. 451).

[33] L. Schiebinger, *¿Tiene sexo la mente?*, Madrid, Cátedra, 2004, pág. 319.

[34] J.-J. Rousseau, *Emilio...*, *op. cit.*, pág. 504.

partes confunde los dos sexos en los mismos empleos, en las mismas tareas, lo que tiene que engendrar los más intolerables abusos»[35].

Recurre a la idea de la «complementariedad sexual» para criticar abiertamente «las nuevas exigencias de igualdad que venían de las mujeres del tercer estado»[36].

La coctelera roussoniana: la «complementariedad sexual»

El «campeón» de la igualdad afirmó en *El contrato social:* «Si hay que obedecer por fuerza, no se tiene necesidad de obedecer por deber, y si ya no se está forzado a obedecer, ya no se está obligado a hacerlo»[37].

Y, a su vez, en el *Emilio* expresó: «El mérito del varón consiste en su poder, y solo por ser fuerte agrada. Convengo en que esta no es la ley del amor, pero es la ley de la naturaleza, más antigua que el amor mismo [...] el destino de la mujer es agradar y ser subyugada»[38].

¿Por qué las mujeres están obligadas a hacer aquello que al serles impuesto por la fuerza no estarían obligadas a hacer? Porque la naturaleza intrínseca de los sexos no es igual: lo que a un varón repugna es agradable a la mujer. Los sexos no son iguales, son complementarios.

La teoría roussoniana de la complementariedad sexual tiene por objeto refutar los argumentos de ilustrados e ilustradas favorables a la idea de igualdad entre los sexos. El tipo de

---

[35] Sobre la vana vindicación de igualdad: «El sostener de una forma vaga que son iguales los dos sexos, y que poseen unas mismas obligaciones, es perderse a manifestaciones vanas, sin decir nada que no se pueda rechazar» (J.-J. Rousseau, *Emilio...*, *op. cit.*, pág. 456).

[36] L. Schiebinger, *op. cit.*, pág. 317.

[37] J.-J. Rousseau, *El contrato social,* en *Obras selectas, op. cit.*, pág. 50.

[38] J.-J. Rousseau, *Emilio..., op. cit.*, pág. 500.

pronunciamiento favorable a la complementariedad de los sexos se produce en el contexto de un feminismo ilustrado que vindicaba la igualdad. Así pues, la «igualdad natural» de los sexos no podía ser rebatida mostrando que las mujeres eran inferiores a los varones, pero la «biología podría justificar el estatus diferencial frente a la «igualdad natural»[39]. La tesis de la «complementariedad sexual», esbozada por Rousseau, ofrecía nuevos argumentos y, a su vez, no alteraba la creencia social de la subordinación de las mujeres:

> La razón de las mujeres es una razón práctica que les hace encontrar muy hábilmente los medios de llegar a un fin conocido, pero que no les deja encontrar este fin. La relación social de los sexos es admirable, de esta sociedad resulta una persona moral, cuyos ojos son la mujer y los brazos el hombre, pero con tal dependencia uno de otro que la mujer aprenda del hombre lo que ha de ver, y él, de ella, lo que ha de hacer. Si la mujer pudiera igual que el hombre remontar a los principios, y si el hombre tuviera igual que ella el espíritu de los detalles, siempre independientes uno de otro, vivirían en continua discordia, y su sociedad no podría subsistir, pero con la armonía que reina entre ellos, todo tiende al fin común[40].

---

[39] T. Laqueur, *op. cit.,* pág. 268.

[40] El texto de Rousseau está plagado de llamadas a la complementariedad de los sexos que ya se manifiesta en edades muy tempranas, según el ginebrino: «Los muchachos anhelan estrépito y bullicio, tambores, peonzas, carricoches; las muchachas gustan más de lo que da en los ojos y sirve de adorno; espejos, sortijas, trapos y, sobre todo, muñecas, que es la diversión peculiar del sexo; *aquí tenemos determinado con toda evidencia su gusto por su destino.* En el adorno está cifrado lo físico del arte de agradar y lo físico es todo lo que de este arte pueden cultivar las criaturas». Rousseau nos habla del «gusto por su destino» en ambos sexos, destino que está determinando el propio autor como si fuese una verdad revelada. Rousseau va tejiendo una tópica misógina que llega a nuestros días: «Las mujeres tienen un lenguaje flexible, hablan más pronto y con mayor facilidad y agra-

Percibimos que el ideal roussoniano de complementariedad sexual abarca cualquier esfera de realización individual posible: afecta por igual al entendimiento que a lo moral, y ambas prestan servicio al fin último de una sociedad: el orden social. Asociadas a la idea de complementariedad sexual, vemos perfilarse nuevas dicotomías que van más allá de la ya clásica naturaleza/cultura. Como se afirma en el extenso texto citado, las mujeres poseen «razón práctica», pero necesitan de guía para llegar a la consecución del fin previsto; esa guía, se sobreentiende, se la procurará el varón dotado de «razón crítica». No es baladí que en pleno siglo XVIII se atribuyeran «razones» diferenciadas a mujeres y varones. La «razón» que se les supone a los varones es una razón que deduce, experimenta, concluye y los convierte en individuos que se bastan a sí mismos. Es una «razón» que sabe alzarse contra los prejuicios, la tradición, las costumbres, la superstición, la credulidad y la opinión y, a su vez, no está desprovista de raigambre emocional y pasional. Por el contrario, a las mujeres corresponde una «razón práctica», incapaz de discernir lo abstracto y universal y, por extensión, de prever las consecuencias de nada. La «razón práctica» se muestra inútil en la búsqueda de verdades abstractas y especulativas; es una razón, la de las mujeres, «sensitiva» y «pueril» que ha de estar mediada por la opinión y el sentimiento y sujeta «al juicio de los hombres», ya que «la mujer, que es débil, nada ve fuera de sí misma». La «razón práctica» ha de convertir a las mujeres en personas discretas, modestas, honestas y, a la vez, dotadas de compasión, gracia y delicadeza.

---

do que los hombres. También se las acusa de que hablan más; así debe ser, y yo convertiría esta acusación en elogio; en ellas, la boca y los ojos tienen igual actividad por la misma razón. El hombre dice lo que sabe, y la mujer dice lo que agrada; el uno para hablar necesita conocimiento y la otra gusto; el principal objeto de él deben ser las cosas útiles, y el de ella las agradables» (la cursiva es mía) (Rousseau, *Emilio...*, *op. cit.*, pág. 475).

En el terreno de la moral, las mujeres han de ser, de nuevo, guiadas por el varón: han de ser educadas para hacerles ver cuáles son las cualidades que provocan «la estimación de los hombres y en qué consiste la felicidad de una mujer honesta». Gracias a una adecuada educación moral, las mujeres adquirirán «moral experimental» y será propio de los varones la «moral teórica»[41]. La propuesta roussoniana de la complementariedad moral acaba por ser una declaración de intenciones de exclusión de las mujeres de todo atisbo de ciudadanía, camuflada, eso sí, mediante un lenguaje ampuloso y cursi. A los varones corresponde la «moral teórica», esto es, sistematizar todo aquello que concierne a la constitución, las leyes y las normas que han de regular una sociedad. Es una moral reflexiva que no obliga a la acción, solo traza lo adecuado o inadecuado en términos morales. La «moral experimental o práctica», por el contrario, obliga a la acción. Describe cuál ha de ser el comportamiento en consonancia con leyes y normas. Sus mandatos son sencillos: «bueno es lo que te mandan», y «malo, lo que te prohíben». Gracias a la «moral experimental», las mujeres aceptarán de buen grado el «yugo que les ha impuesto la naturaleza», entre otras cosas, obedecer a un ser tan imperfecto como el varón. Así pues, en el universo moral roussoniano las mujeres sí están obligadas a cumplir y obedecer lo estipulado «teoréticamente» por los varones. Comienza a construirse la tópica de la excelencia moral de las mujeres que será ampliamente tematizada en el siglo XIX y que encuentra acérrimos defensores también en el siglo XXI: la atribución de cualidades pacíficas, altruistas, empáticas, sensibles y emocionales a

---

[41] «A las mujeres compete hallar, por decirlo así, la moral experimental, y a nosotros reducirla a sistema. La mujer tiene más agudeza y el hombre más ingenio; la mujer observa y el hombre discurre, y de este concierto resultan la más clara luz y la ciencia más completa que pueda adquirir el entendimiento humano en las cosas morales» *(ibíd.,* pág. 488).

las mujeres, en grado mayor que los varones, continúa utilizándose de modo recurrente tanto para justificar prácticas indignas como para explicar la ausencia de mujeres en las instituciones de poder o económicas. El esencialismo moral atribuido a las mujeres es una trampa que aún hoy está por desactivar.

Concluirá Rousseau que la «complementariedad de los sexos» tiene como fin último el orden social, impidiendo, a su vez, que la idea de «igualdad natural» se extienda a las mujeres: una sociedad donde se considerara en pie de igualdad a mujeres y varones no podría «subsistir». El recurso teórico de la «complementariedad sexual» evita que las mujeres compitan con los varones en la esfera pública. Protege a la familia del Estado, convirtiendo el espacio familiar en el territorio natural de las mujeres; garantiza, a su vez, la reproducción y propagación de la especie humana, señalando inequívocamente que la función social de las mujeres es la función reproductora. La idea de que los sexos son complementarios demarca dos espacios de realización diferenciados para varones y mujeres. La esfera pública es el espacio de realización de los varones como ciudadanos: se reconocen como iguales por un «contrato de asociación». En la esfera privada es donde se desarrollan las relaciones entre mujeres y varones, selladas por un «contrato matrimonial» de subordinación de las mujeres y regido por el amor. El amor abnegado de las mujeres las hace aceptar su destino de obediencia, sumisión y sacrificio como esposas y madres.

Rousseau, gracias a la idea de que los sexos son complementarios, despliega un auténtico «apostolado argumentativo» contrario a la igualdad de los sexos. Los argumentos roussonianos, de enorme efectividad, contribuirán a que en el siglo XIX se desarrolle toda una tópica misógina como hecho probado y alimentarán, a su vez, el imaginario social de roles diferenciados para mujeres y varones que aún siguen presentes en nuestros días.

Constructivismo social de los sexos: la educación

Si los sexos son complementarios, no hay contradicción alguna en lo afirmado para varones y mujeres, ya que los varones son capaces de alzarse sobre aquello que es «consecuencia del sexo» (determinismo biológico); gracias al «constructivismo social», diseñado en *El contrato social,* los varones entran en una relación cívica que los convierte en iguales; por el contrario, las mujeres no pueden elevarse sobre aquello que «es consecuencia de su sexo», lo que nos convierte a todas las mujeres en idénticas y unidas por el mismo destino.

Rousseau resuelve la contradicción igualitaria afirmando que los varones son iguales porque han sabido salir de las prescripciones naturales por el bien común, mientras que las mujeres no pueden ser sus iguales porque están determinadas por la propia naturaleza, que las obliga a cumplir con la única función que les es propia en términos sociales: la función reproductora. Se separan así ámbitos de realización distinta para los sexos: a los varones corresponde la estabilización de una nueva realidad social y política que los convierte en «ciudadanos». Las mujeres, por el contrario, estamos obligadas a regular y domeñar nuestros deseos y reinar en el único espacio que nos es propio, «el atractivo de la vida doméstica»: «Cuando las madres se dignen criar a sus hijos, las costumbres se reformarán en todos los corazones y se repoblará el Estado; este primer punto, este punto único lo reunirá todo. El contraveneno más eficaz contra las malas costumbres es el atractivo de la vida doméstica»[42].

Las diferencias sociales, prescritas por Rousseau, entre varones y mujeres se deben a sus distintas formas de subjetivi-

---

[42] *Ibíd.,* pág. 77.

dad, que a su vez están ancladas en diferencias sexuales. Emilio ha de recibir una educación para la autonomía moral, y Sofía, una educación orientada a la dependencia y la sujeción a Emilio. La diferencia entre Emilio y Sofía es la diferencia, una vez más, entre libertad y sujeción. El espacio público, en cuanto espacio de la libertad y de la autonomía moral, no puede existir sin el espacio privado, en cuanto lugar de reproducción de lo público y de sujeción de las mujeres mediante el contrato de matrimonio. La primacía del varón va acompañada de la necesidad de que Sofía aprenda a padecer y a soportar la injusticia y los agravios del marido: «Formada para obedecer a un ser tan imperfecto como el hombre, con frecuencia tan lleno de vicios y siempre tan lleno de defectos, debe aprender con anticipación a sufrir incluso la injusticia y a soportar las sinrazones de un marido sin quejarse»[43]. Así pues, gracias al pacto social, los varones-ciudadanos gozan de «idénticos derechos» y por ese mismo pacto social las mujeres han de aceptar la injusticia de obedecer sin rebelarse. Y si las mujeres se quejan de la desigualdad, «no tienen razón», sentencia Rousseau[44].

El constructivismo social pergeñado por Rousseau es un perfecto artificio en donde la biología determina lo que las mujeres son y la práctica social determina lo que los varones son. No es en absoluto casual que el feminismo haya recalado siempre en Rousseau, ya que este autor, con mayor fortuna que otros, sienta las bases de las relaciones entre los sexos en el futuro orden democrático. Rousseau, como pensador contrario a la igualdad de los sexos, representa de modo completo aquello que el feminismo denuncia (en su tiempo y en el nuestro): la «relación sexo/género» como constructo que hay que invalidar.

---

[43] *Ibíd.*, pág. 516.
[44] *Ibíd.*, pág. 504.

Por otra parte, la idea de la «complementariedad sexual» nos revela que lo que es sujeto de comparación son los varones, de un lado, y las mujeres, de otro. Al exaltar las diferencias entre uno y otro sexo, para justificar la subordinación de las mujeres, Rousseau está definiendo implícitamente a las mujeres como grupo social en clara oposición al grupo social de los varones. Sin pretenderlo, y una vez que el feminismo alcanza fuerza vindicativa, las mujeres como grupo social se transforman en sujeto político. Conviene no olvidar que las mujeres constituimos un grupo social y no somos un colectivo asociado a otras minorías. Volveré sobre esta cuestión cuando me refiera a las diferencias que existen entre grupo social oprimido y colectivos discriminados.

Feminismo ilustrado y «complementariedad sexual»

El 3 de septiembre de 1791, la Constitución francesa fue promulgada por la Asamblea Nacional Constituyente. Contenía en su preámbulo la «Declaración de los Derechos del Hombre y del Ciudadano» de 1789 a modo de justificación para validar la reforma absoluta del Estado francés, cuyo precepto guía habría de ser que «todos los hombres nacen y permanecen libres e iguales en derechos». A su vez, afirmaba que el fin de toda asociación política «es la conservación de los derechos naturales e imprescriptibles del hombre. Tales derechos son la libertad, la propiedad, la seguridad y la resistencia a la opresión». En la Constitución se fijan también las condiciones para adquirir la «ciudadanía activa»: todas las mujeres quedan excluidas; no podrán ser ni «electores» ni «representantes». Dos días después de ser promulgada la Constitución, el 5 de septiembre, Olympe de Gouges hace pública su «Declaración de los Derechos de la Mujer y de la Ciudadana». Remedo de la «Declaración del Hombre» de 1789, exige la igualdad de derechos y deberes para las mujeres ante la ley y en cualquier otra circunstancia de la vida. Reclamaba en ella plenos derechos y representación para las mujeres. Animaba a la movilización política de las mujeres aludiendo a la «igualdad natural» de los sexos y denunciando a los varones por la opresión que ejercen sobre aquellas:

> «Hombre, ¿eres capaz de ser justo? Una mujer te hace esta pregunta; al menos no le quitarás ese derecho. Dime. ¿Quién te ha dado el soberano poder de oprimir a mi sexo? ¿Tu fuerza? ¿Tus talentos?». Observa al creador en su sabiduría; recorre la naturaleza en toda su grandeza a la cual pareces querer acercarte y dame, si te atreves, el ejemplo de este dominio tiránico[45].

Concluye Olympe de Gouges en su Declaración que la Constitución es nula, ya que a las mujeres se les ha impedido cooperar en su redacción[46]. Dos años después, en 1793, el jacobinismo comanda una lucha sin cuartel contra las mujeres revolucionarias. En el otoño de 1793, los acontecimientos se precipitan. El 30 de octubre, los miembros de la Convención Nacional han de responder a tres preguntas:

— ¿Debemos permitir las agrupaciones de mujeres?
— ¿Pueden las mujeres poseer derechos políticos y tomar parte activa en los asuntos del gobierno?

---

[45] Olympe de Gouges, «Los derechos de la mujer», en Alicia H. Puleo, *La Ilustración olvidada. La polémica de los sexos en el siglo XVIII*, Barcelona, Anthropos, 1993, pág. 154.
[46] Art. XVI: «Toda sociedad en la que la garantía de los derechos no está asegurada ni la separación de los poderes determinada, no tiene Constitución; la Constitución es nula si la mayoría de los individuos que componen la Nación no ha cooperado en su redacción» *(ibíd.,* pág. 159).

— ¿Pueden las mujeres deliberar, reunidas en asociaciones políticas o sociedades populares?[47].

La respuesta fue un no rotundo y masivo. Los clubes de mujeres son prohibidos. El 3 de noviembre, Olympe de Gouges es ejecutada en la guillotina por haber «intentado sabotear la república con sus escritos». Su muerte es jaleada en *Le Moniteur*: «Ella quiso convertirse en hombre de estado, y es como si la ley hubiera castigado a esa conspiradora por haber olvidado las virtudes que convienen a su sexo»[48]. Pese a la ejecución ejemplarizante de Olympe de Gouges, las mujeres reaccionan a la prohibición de los clubes; una delegación presidida por Claire Lacombe comparece ante el consejo de la Comuna de París. Su presidente, Pierre Chaumette, las amonesta y recrimina:

> Es horrible, es contra natura para una mujer el querer convertirse en hombre... ¿Desde cuándo es decente el ver a las mujeres abandonar los piadosos trabajos de su hogar, las cunas de sus hijos, para presentarse en los lugares públicos para arengar desde las galerías? [...].
> En nombre de esta misma naturaleza, quedaos donde estáis. En lugar de envidiarnos los peligros de una vida agitada, contentaos con hacérnoslo olvidar en el seno de nuestras familias, al reposar nuestros ojos en el encantador espectáculo de nuestros hijos, felices gracias a vuestros cuidados[49].

---

[47] Yves Bessières y Patricia Niedzwiecki, «Las Mujeres en la Revolución Francesa», *Cuadernos de Mujeres de Europa,* núm. 33, Comisión de las Comunidades Europeas, enero de 1991, pág. 9 (https://www.academia.edu/30301847/Las_mujeres_en_la_revolucion_francesa).

[48] *Cuatro mujeres en la Revolución Francesa,* Buenos Aires, Biblos, 2007, pág. 62.

[49] Yves Bessières y Patricia Niedzwiecki, *op. cit.,* pág. 9.

La Revolución había dictado la muerte política de las mujeres, tomando como referente tanto la idea de la «diferencia sexual» como la de la «complementariedad sexual»:

> El gobierno revolucionario francés, en una trascendente decisión, negó a las mujeres los derechos políticos y el derecho de reunión, citando como justificación las definiciones de la naturaleza femenina recientemente establecidas. Según la Convención Nacional, las mujeres no poseían «la fuerza moral y física necesaria para el ejercicio de [...] los derechos [de ciudadanía]»[50].

Sirva esta brevísima referencia histórica para poder dar cuenta del dificultoso camino que iba a emprender el feminismo en su vindicación de la igualdad. La Revolución estaba en el punto de mira de todas las naciones europeas, por lo que es previsible suponer que en absoluto pasó desapercibido el trato otorgado por los revolucionarios de la «igualdad natural» a las mujeres. De hecho, lo cierto es que en la década de 1790 la teoría de la «complementariedad sexual» se extiende como un reguero de pólvora por toda Europa. Las aportaciones teóricas en defensa de la igualdad de los sexos se hallaban en seria desventaja frente a la alianza establecida entre anatomistas, complementaristas y legisladores. Lejos, muy lejos quedaban las aportaciones de Poullain de la Barre en el siglo XVII afirmando que solo el «prejuicio de sexo» es la causa de la desigualdad de los sexos, haciendo pasar por «natural» lo que solo procede del «hábito».

En el contexto revolucionario, la contradicción política se hace evidente y la feroz represión se ejerce sin ambages sobre quienes defienden la igualdad de los sexos. Es el caso de Condorcet. Este se centró fundamentalmente en la estrategia jurídica y legislativa para denunciar la asimetría con la que son tratadas las mujeres respecto a los varones.

---

[50] L. Schiebinger, *op. cit.*, pág. 325.

Algunas de estas violaciones han pasado inadvertidas incluso a filósofos y legisladores cuando se ocupaban con el mayor celo de establecer los derechos comunes de los individuos de la especie humana para hacer de ellos el fundamento único de las instituciones políticas. Por ejemplo, ¿no han violado todos el principio de igualdad de los derechos al privar tranquilamente a la mitad del género humano del derecho de concurrir a la formación de leyes, al excluir a las mujeres del derecho de ciudadanía? ¿Hay acaso prueba más contundente de poder del hábito, incluso en los hombres ilustrados, que la de ver cómo se invoca el principio de la igualdad de los derechos [...] y olvidar ese mismo principio con respecto a doce millones de mujeres?[51].

A su vez, Mary Wollstonecraft, que escribe su *Vindicación de los Derechos de la Mujer* en 1792, en pleno proceso revolucionario y consciente del peligro, muestra a las claras la contradicción de luchar contra un gobierno tiránico y a la vez ejercer la tiranía más absoluta sobre las mujeres:

> Cabe esperar, en este siglo de las luces, que el *derecho divino* de los maridos, como el derecho divino de los reyes, puede y debe contestarse sin peligro [...]. Luego no dejemos a los hombres en el orgullo de su poder usar los mismos argumentos de reyes tiránicos [...] y afirmar con falacia que la mujer debe someterse porque siempre ha sido así[52].

Apela Wollstonecraft a la razón moral para defender la igualdad entre los sexos. Denuncia los privilegios de los varones, de un lado, y los prejuicios sobre las mujeres, de otro: ni

---

[51] Alicia H. Puleo, *La Ilustración olvidada...*, op. cit., pág. 101.
[52] Mary Wollstonecraft, *Vindicación de los Derechos de la Mujer*, Madrid, Cátedra, col. Clásicos del Feminismo, 2018, págs. 162-168.

corresponde a los varones en exclusiva el privilegio de la ciudadanía ni las mujeres pueden ser denigradas por su débil temperamento o conducta, ya que es producto de la insuficiente educación, falta de recursos y ausencia de libertad[53]. Su *Vindicación* denuncia las condiciones de socialización y educación impuestas a las mujeres. Por ello critica abiertamente los libros de moral y de conducta que comienzan a proliferar en el siglo XVIII, construyendo un ideal de feminidad que condena a las mujeres «al atractivo de la vida doméstica» como máxima aspiración. Desmonta paso a paso los argumentos vertidos por Rousseau en el *Emilio:* cuando a las mujeres se les imputan como rasgos naturales la delicadeza, la dulzura, la docilidad y el afecto servil, se las está instruyendo en «la luz engañosa del sentimiento»; la delicadeza, la dulzura, la docilidad y el afecto servil no son cualidades naturales, sino artificios que brotan de la mente de los varones para convertir a las mujeres en esclavas o juguetes[54]. Frente al «despotismo galante», Wollstonecraft propone una educación ilustrada, común a mujeres y varones, para que ambos sexos mejoren en la tarea de aprender a razonar y pensar: no hay «virtudes propias de un sexo», sino virtudes comunes que se adquieren por el ejercicio de la propia razón. En definitiva, concibe la educación como medio para liberar a mujeres y varones del «prejui-

---

[53] «Los hombres cuentan con varias ocupaciones y objetivos que centran su atención y dan carácter a la mente abierta; pero las mujeres, limitadas a una y con sus pensamientos dirigidos constantemente a la parte más insignificante de sí mismas, rara vez amplían sus consideraciones más allá del triunfo de una hora. Pero si su entendimiento se emancipara de una vez de la esclavitud a la que las han sujetado el orgullo y la sensualidad del hombre y su deseo miope de dominio, semejante al de los tiranos, probablemente leeríamos acerca de su debilidad con sorpresa» *(ibíd.,* pág. 167).

[54] *Ibíd.,* pág. 67. Refiriéndose a la «Sofía» de Rousseau, afirmará que el personaje «es sin duda cautivador, aunque me parece enormemente artificial» *(ibíd.,* pág. 138).

cio sexual» y de la tiranía social de la «complementariedad de los sexos».

La estrategia discursiva del feminismo ilustrado centrada fundamentalmente en el uso crítico de la razón, el recurso a la universalidad de los derechos y la educación fundamentada en la «igualdad natural» no es capaz de imponerse al discurso antifeminista que, tomando como referente explicativo tanto la «diferencia sexual» como la «complementariedad sexual», reduce la relación entre los sexos a una cuestión biológica, de un lado, y a capacidades diferenciadas, de otro. La «relación sexo/género» queda configurada para el posterior siglo XIX en los siguientes términos: la «diferencia sexual» avala que las mujeres, el «sexo débil», están determinadas por la biología; por otro lado, la «complementariedad sexual» sirve de argumento para confirmar que la construcción social de la masculinidad y feminidad, lo que denominamos «género», impone esferas separadas de realización para mujeres y varones. El siglo XVIII concluye con la muerte política de las mujeres en un contexto de fervor casi democrático, y en el XIX se procederá a la muerte civil de las mujeres.

El siglo XIX: la construcción
de la «identidad biológico-sexual»
contra el feminismo sufragista

El feminismo es una lucha constante contra las identidades y también contra la apropiación de identidades políticas. El siglo XIX nos ofrece el mejor campo de análisis. La imaginación sobre lo que las mujeres son se dispara sobremanera en este siglo. Somos damiselas retozando en la campiña, hombres con faldas, musas de las artes, arpías de la naturaleza, madres resignadas, cortesanas sin tapujos, ángeles o demonios, vírgenes o putas, criadas o señoras, somos un sueño o una obscenidad, imitadoras perfectas o naturaleza gatuna.

El cuerpo de las mujeres es voluptuoso, misterioso y sensual. Pero será degradado en su último suspiro: será vapuleado, arrastrado por un lodazal, empujado a las vías de un tren, degustado por «sapos viscosos», vencido por el arsénico y devorado por costras purulentas. Las mujeres no somos un ser humano real. Y esa misma tópica se repite machaconamente en el siglo XXI, somos lo que queramos ser, menos un ser humano «mujer».

Sí, el siglo XIX tiene sello femenino, pero como contraimagen del poder. El código civil napoleónico de 1804 da cuerpo a la idea según la cual la mujer es propiedad del varón y tiene en la producción de los hijos su tarea principal. En la primera mitad del siglo XIX era relativamente fácil abundar en la idea de la inferioridad de las mujeres y en la sumisión que estas deben a los varones, pues son los verdaderos árbitros de sus destinos. Los dictados roussonianos son aplicados de modo preferente en la educación de las niñas. La educación mínima para el cuidado del hogar y los hijos: hogar, aguja, corazón y obediencia.

En el final de la década de los cuarenta, la situación política en términos generales da un vuelco. El año 1848 es una fecha memorable en términos políticos. No solo se acaba con la Europa de la Restauración, sino que es clave para entender el proceso de conformación de las tres teorías políticas asociadas a los procesos democráticos: el liberalismo, el socialismo y el feminismo. En 1848 tiene lugar una de las revoluciones burguesas, aparece el *Manifiesto comunista* de Marx y se firma la declaración de Seneca Falls, o *Declaración de sentimientos,* que da origen al movimiento sufragista. La efervescencia social es una realidad, como también lo serán los vientos de democratización, pero el grado de incidencia del liberalismo, el socialismo y el feminismo no será precisamente igual. A partir de 1848 se exaltará la individualidad, de un lado, y la clase social, de otro.

El debate en torno al poder remitía en última instancia al binomio «individuo/clase», y mírese por donde se mire supone la exclusión de las mujeres de alguna de estas dos categorías políticas. «Individuo» y «clase» designan en el siglo XIX un tipo humano, moral y político determinado, los varones. Las mujeres ni son individuos ni representan una clase. Los conceptos «individuo» y «clase» pondrían rápidamente en desuso la vieja idea de ciudadanía. Las sufragistas reclamaban «ciudadanía», pero, ¡oh, destino adverso!, cada vez que las mujeres estamos a punto de alcanzar el reconocimiento político de acuerdo con una categoría política, esa categoría política se ridiculiza y se transmuta en otra u otras que convierten la lucha de las mujeres en una tarea propia de Sísifo: un esfuerzo inútil porque cuando creemos llegar, vuelta al inicio para luchar contra nuevas conceptualizaciones políticas que suponen el borrado de las mujeres. En el siglo XIX, el borrado de las mujeres procede de las categorías políticas de «individuo» y «clase». Avanzo que en el siglo XXI el borrado de las mujeres procede del significado político otorgado a la «subjetividad» y su expresión normativa en «la autodeterminación de género».

El ideal de ciudadanía en el siglo XIX no satisfacía ni a burgueses ni al movimiento obrero. Para el liberalismo burgués, denotaba los peores excesos cometidos durante la Revolución Francesa, y para el movimiento obrero el ideal de «ciudadanía» contenía en sí mismo referencias puramente burguesas. Así que, por la magia de las palabras, ese juego lingüístico que se pregona como liberador, las mujeres, una vez más, no éramos consideradas «individuos» ni tampoco representábamos una clase, aunque fuéramos y somos más de la mitad de la población. Tanto la categoría política de «individuo» como la de «clase» hacen referencia en el siglo XIX a una orientación política que podríamos resumir en la tensión entre liberalismo y socialismo y a una consideración del espacio político reservado solo para los varones: el liberalismo era reacio a incorporar los planteamientos sufragistas por razones de conveniencia política; por su parte, la vindicación de igualdad en el movimiento obrero se entendía en exclusiva como distribución de la riqueza, lo que contribuyó a que no entrara en el horizonte vindicativo la desigualdad normativa y de derechos entre los sexos. Varones burgueses y varones proletarios compartían una actitud tradicional respecto de las mujeres.

El liberalismo, así pues, realzó la dicotomía entre público y privado, reservando el espacio de lo público para los varones y la esfera de lo privado para las mujeres; las teorías igualitarias, por su parte, subrayaron la división sexual del trabajo al diferenciar de manera abierta entre trabajo productivo y reproductivo, considerando al primero como propio de los varones, y al segundo, exclusivo de las mujeres. Bebel lo refiere explícitamente:

> Es, pues, comprensible y natural que, como consecuencia de la extensión que toma, y tiende a tomar aún más, el trabajo femenino en toda clase de oficios, los hombres no vean con buenos ojos lo que pasa, y se hagan reclamaciones como la de la supresión absoluta y de la prohibición legal del trabajo de la mujer. No es dudoso que, con el desarrollo tomado por el trabajo femenino, la vida de familia pierda cada día más para el obrero, que la desorganización del matrimonio y de la familia es su consecuencia, y la inmoralidad, la desmoralización, la degeneración, las enfermedades de toda naturaleza, la mortalidad de los niños aumenta en proporciones espantosas[55].

La imagen bebeliana de las mujeres fue ampliamente compartida en el movimiento obrero: el orden del universo familiar reposa enteramente en las mujeres, pero no considera en absoluto que la igualdad pueda y deba remover los comportamientos tradicionales de los varones. El socialismo decimonónico diseña una «utopía familiar»: una vez superada la opresión de clase, las mujeres dejarían de sufrir las pésimas condiciones so-

---

[55] A. Bebel, *La Mujer,* Barcelona, Fontamara, 1876, pág. 141.

ciales y, sin miedo a un futuro incierto, voluntariamente se entregarían al gobierno de la casa produciendo el contento familiar. En definitiva, el socialismo decimonónico no consideraba que las mujeres necesitaran una lucha específica para combatir su opresión.

En la segunda mitad del siglo XIX había que contrarrestar el potencial emancipatorio de la vindicación sufragista. El discurso patriarcal, presente en los distintos campos del saber, diversifica sus planteamientos: la biología, la medicina, la filosofía, la antropología, la craneometría, la psicología, la sociología, la literatura contribuyen de modo efectivo a ridiculizar la vindicación de igualdad. Nace la tópica misógina, que aún hoy podemos rastrear en pronunciamientos de grupos políticos, religiosos o culturales. Mentes preclaras del siglo XIX, como no podía ser de otra forma, designarán lo que las mujeres somos. Los argumentos del siglo XVIII son presentados como evidencias absolutamente científicas de las que no cabe dudar. La diferencia anatómica será la prueba evidente a partir de la cual extender la idea de que «todos los hombres han sido creados desiguales». El determinismo biológico y racial busca mediante supuestos científicos legitimar las diferencias y desigualdades entre los sexos y las razas.

Determinismo biológico y racial: Darwin

El libro de Darwin *El origen del hombre,* publicado en 1871, vendría a legitimar tanto la idea de dominio de los varones sobre las mujeres como la idea de dominio racial. La teoría de la evolución, poco favorecedora de una teoría igualitaria por primar la lucha por la supervivencia y la selección natural, ensalzó los valores de la fuerza, la ambición y el dominio como indisolublemente asociados al proceso evolutivo. Se estableció así una poderosa analogía entre naturaleza y sociedad que permitió fundamentar las desigualdades: el evolucionismo biológico y el evolucionismo social no pueden ser diferenciados, por lo que resultó notablemente sencillo justificar las jerarquías raciales, de sexo y clase. La desigualdad es producto de procesos de selección sexual y natural en los que los individuos más aventajados accedían a mejoras significativas. En el caso de la relación entre los sexos, los varones acceden al poder de la selección que es totalmente ajeno a las mujeres, por lo que los varones se elevaban en superioridad mental y corporal sobre estas: coraje, valentía y energía y las más altas cualidades mentales de los varones fueron desarrolladas para proteger a las mujeres de la lucha por la existencia. Protección a cambio de dependencia. La selección natural, a su vez, también opera sobre las razas. Así, por ejemplo, gracias a la rivalidad entre los varones, que permitía asegurar el éxito de los más aptos y capaces, el europeo blanco, en una época de imperialismo, «pudo sentirse superior a las razas retrasadas; el hombre de negocios de la clase media pudo sentirse más capaz que los obreros a quienes explotaba»[56].

Y así fue tomando cuerpo el concepto de individuo en relación con el poder. El individuo que emerge de la lucha por la supervivencia es aquel que tiene poder y gracias a él dominará a las «razas inferiores»: «Las razas civilizadas han extendido y extienden hoy por todas partes su dominio, reemplazando a las razas inferiores»[57]. Es lógico pensar que esta teoría agradó principalmente a las clases privilegiadas, pero también a los varones de las clases menos privilegiadas. Los

---

[56] Eva Figes, *Actitudes patriarcales,* Madrid, Alianza Editorial, 1972, página 120.
[57] Charles Darwin, *El origen del hombre,* Valencia, F. Sempere y Cía., 1909 (digitalización y libre difusión con motivo del «año Darwin 2009» a 150 años de la publicación del libro *El origen de las especies;* disponible en: https://www.omegalfa.es).

varones privilegiados dominarán la esfera pública, dominarán la política y dominarán a sus mujeres, que serán las más hermosas y sanas. Los varones menos privilegiados por lo menos dominarán a sus mujeres y tendrán a su vez su pequeña cota de poder. La otra mitad de la humanidad, las mujeres, no son individuos, pues no tienen poder y son solamente dadoras de deberes. La naturaleza es el gran argumento para legitimar cualquier desigualdad.

De la teoría de Darwin aplicada al sexo resultaba un nuevo hombre inteligente y dominante, muy del gusto burgués, que hacía más respetable el concepto de «individuo» que el de «ciudadano»:

> La mujer parece diferir del hombre en su condición mental, principalmente en su mayor ternura y menor egoísmo... La mujer, siguiendo sus instintos maternales, despliega estas cualidades con sus hijos en un grado eminente; por consiguiente, es verosímil que pueda extenderlos a sus semejantes. El hombre es el rival de otros hombres: gusta de la competencia y se inclina a la ambición, la que con sobrada facilidad se convierte en egoísmo. Estas últimas cualidades parecen constituir la mísera herencia natural. Está generalmente admitido que en la mujer las facultades de intuición, de rápida percepción y quizá también de imitación, son mucho más vivas que en el hombre; mas algunas de estas facultades, al menos, son propias y características de las razas inferiores, y por tanto corresponden a un estado de cultura pasado.
>
> La principal distinción en las facultades intelectuales de los dos sexos se manifiesta en que el hombre llega en todo lo que acomete a punto más alto que la mujer, así se trate de cosas en que se requiera pensamiento profundo, o razón, imaginación o simplemente el uso de los sentidos y de las manos[58].

---

[58] Charles Darwin, *El origen del hombre y la selección en relación al sexo,* Madrid, Edaf, 1991, pág. 473.

Darwin desplegó sus recursos evolucionistas para amañar la imagen de una mujer a la vez inferior y moralmente mejor, contribuyendo así a reforzar la tópica misógina desde un supuesto cientificismo: varones y mujeres viven en esferas separadas no solo por presentar dos formas anatómicas diferentes, sino porque ética, política y normativamente son diferentes. Tienen destinos diferentes. A partir de este momento, la desigualdad entre los sexos y su fundamento se hacen depender no tanto de pronunciamientos sobre inferioridad de las mujeres respecto a los varones sino realzando las diferencias, lo que convierte a mujeres y varones en sexos no comparables. Se procede así a una identificación de los sexos con rasgos dicotómicos que afectan a la esfera de realización individual o social de las mujeres: cultura-naturaleza o varón-mujer, fuerza-debilidad o varón-mujer, acción-pasividad o varón-mujer, inteligencia-imitación o varón-mujer, ambición-cuidado o varón-mujer, individualidad-identidad o varón-mujer, producción-reproducción o varón-mujer, Estado-familia o varón-mujer, y podríamos seguir hasta el desmayo. Las diferencias anatómicas y fisiológicas de mujeres y varones corroboraban el superior privilegio masculino sobre las mujeres. A su vez, la diferencia sexual sirvió de fundamento para excluir a las mujeres de las nociones políticas de individualidad y de representar una clase «productiva». La idea de la «complementariedad de los sexos» se convierte en un argumento casi irrefutable al ser considerado una evidencia científica.

El trabajo de las mujeres: precariedad y transitoriedad

La inmediata consecuencia social y política de la complementariedad de los sexos fue considerar también con carácter inmutable la división sexual del trabajo. El trabajo adecuado a las mujeres era el cuidado del hogar. El trabajo de las mujeres fuera del hogar constituía un indicador de la pertenencia de un grupo familiar a una clase social u otra. De igual modo que el ascenso social de un grupo familiar se hallaba directamente vinculado al abandono de las mujeres del trabajo externo y la vuelta en exclusiva al cuidado del hogar. El desempeño laboral de las mujeres en el siglo XIX se desarrolló en la precariedad más absoluta, ya que se consideraba de carácter transitorio. El movimiento obrero contribuyó también a expandir el imaginario de precariedad y transitoriedad del trabajo de las mujeres. Desde el propio movimiento obrero no solo se alienta la idea de división sexual del trabajo, sino que además se la conceptualiza. No fue el varón burgués el que concibió el trabajo de las mujeres como «aportación económica» al seno familiar («sus mujeres» por distinción de clase no trabajaban), fue el varón obrero el que enfatizó la distinción entre trabajo productivo y reproductivo. En el imaginario del movimiento obrero, el trabajo realizado por los varones fue descrito como «producción», y el de las mujeres, como «aportación». Esta conceptualización sirvió a los intereses del empleador burgués, que podía contar con un contingente de mujeres trabajadoras peor remuneradas que sus homólogos varones. Su resultado fue la precariedad laboral de las mujeres: las mujeres tenían que soportar, en todos los tramos, jornadas más largas, tareas más pesadas y condiciones de trabajo más nocivas que el varón, a cambio de una retribución inferior a este. El movimiento obrero, en vez de analizar la diferente remuneración de mujeres y varones en términos de injusticia salarial, se decantó por considerar a las mujeres como esquiroles. En vez de combatir la precariedad del trabajo femenino, se extendió la idea de que las mujeres representaban una amenaza para lograr mejoras de clase. Como además compartían el imaginario social de la transitoriedad del trabajo femenino, no dudaron en considerar a las mujeres como competidoras de los varones. Así es que las mujeres no solo tenían que luchar contra su patrón económico, que las mantenía en trabajos inhumanos, sino también con los propios sindicatos, formados en su mayor parte por varones, que no consideraban de igual relevancia el trabajo realizado por los varones que el realizado por las mujeres. Desgraciadamente para la historia de las mujeres, esta tópica misógina sobre el trabajo de las mujeres se trasladó a buena parte del siglo XX.

Una nueva identidad de ser mujer: la «nueva mujer»

El siglo XIX fabrica con notable éxito la «identidad ser mujer», que asume múltiples formas dependiendo de la fértil imaginación de los varones: podemos ser «seres de harén», «un peligroso y bello gato», «asaltadas por miedos irracionales», «la mano que mece la cuna» o representar «la molicie de la carne». Nuestra peculiar naturaleza se adapta a cualquier exigencia, pero de todas las exigencias adaptativas que hemos de representar las mujeres, emerge «la nueva mujer» como identidad en simbiosis con los procesos democráticos. La «nueva mujer» destaca por su moralidad y por su capacidad para representar las costumbres en los cambiantes procesos democráticos. Sobre las mujeres recaerá el peso de dar estabilidad a la democracia.

El autor que describió con mayor lujo de detalles la identidad de «la nueva mujer» fue Tocqueville. Sostenía que la democracia se implantaría como la forma de gobierno del futuro, y también que gracias a la democracia las costumbres serían dulcificadas. Tocqueville dedica dos tomos a explicar la democracia en América, y es sintomático que las mujeres solo aparezcan expresamente anunciadas en un breve capítulo que se titula «Influencia de la democracia sobre las costumbres». Las costumbres las representan las mujeres. Para Tocqueville, la igualdad de condiciones, si bien no origina la corrupción de las costumbres, la puede hacer aflorar:

> No es la igualdad de condiciones la que hace a los hombres inmorales e irreligiosos. Pero cuando los hombres son inmorales e irreligiosos a la par que iguales, los efectos de

la inmoralidad y de la irreligión salen fácilmente a la luz, porque los hombres tienen poca acción unos sobre otros y no existe clase alguna que pueda encargarse de mantener el orden en la sociedad[59].

Por lo tanto, si los varones igualados pueden ser vencidos por la inmoralidad, alguien debe conservar la fuente de la moralidad, esto es, las mujeres.

En la sociedad libre e igualitaria es la mujer la que sostiene la moralidad. Su argumentación transita por senderos trillados: no se puede hacer del varón y la mujer seres semejantes. La igualdad consiste no en obligar «a hacer las mismas cosas a seres diferentes, sino en conseguir que cada uno de ellos desempeñe su tarea lo mejor posible»[60]. La tarea femenina no consiste en conducir los asuntos extramatrimoniales, ni dirigir negocios, ni entrar en la esfera política. Su tarea es mantener el buen orden de las costumbres y la moral, velar por la familia, no poner en cuestión que el jefe natural del matrimonio es el varón. Según Tocqueville, la independencia en la que han sido educadas las mujeres americanas las lleva a aceptar el sacrificio sin quejas:

> Puede decirse que es el uso de la independencia lo que le ha dado fuerzas para sufrir sin resistencias ni quejas el sacrificio cuando llega la hora de imponérselo.
> Por otra parte, la americana no cae nunca en los lazos del matrimonio como en una trampa tendida a su ingenuidad y a su ignorancia. Se le ha hecho saber de antemano lo que se espera de ella, y se somete al yugo voluntaria y libremente. Soporta valerosamente su nueva condición, porque es ella misma quien la elige[61].

---

[59] Alexis de Tocqueville, *La democracia en América,* Madrid, Alianza Editorial, 1980, tomo II, pág. 285.
[60] *Ibíd.,* tomo II, pág. 180.
[61] *Ibíd.,* tomo II, pág. 172.

Su sacrificio voluntario asegura el orden y el bien para la familia, aunque por ello pierdan su encanto femenino. La democracia convierte a las mujeres en frías y honestas, pero este carácter de la «nueva mujer» es garantía para que no reine la inmoralidad. Concluye Tocqueville que la fuerza y la prosperidad del pueblo americano son atribuibles a la superioridad de las mujeres.

A partir de Rousseau nadie parece empeñado, a excepción de la teoría feminista, en resolver la paradoja que pesa sobre las mujeres: a mayor superioridad moral, mayor grado de sujeción. Los credos religiosos podríamos decir que convirtieron la paradoja moralidad/sujeción en guía de conducta del obrar de las mujeres. En el siglo XIX, tomando como referencia la Iglesia católica, el Vaticano se pronuncia sobre qué somos las mujeres y cómo debemos actuar: una «nueva mujer» que ha de encontrar en la Virgen María el modelo a imitar. Lo que las mujeres son y cuáles son sus deberes es fundamental para asegurar el orden divino. Por ello, en 1854 el papa Pío IX declara que la Madre de Dios es la única criatura que ha sido preservada del pecado original. La bula *Ineffabilis Deus* proclamaba que era un dogma la Inmaculada Concepción de la Virgen María. La Virgen era, así, el ser creado más perfecto después de Jesucristo.

> Durante su vida estuvo completamente libre de concupiscencia, del «estímulo del pecado», y por lo tanto descargada de todo deseo pecaminoso. Superó a los ángeles en pureza, aunque no en inteligencia. Dios la había elegido como su amada hija desde el principio del tiempo y la había predestinado como madre de su hijo unigénito[62].

De ahí que el modelo que deben imitar todas las mujeres sea el de seguir una vida intachable dedicada a la maternidad. Esta «madre nueva» tiene como misión en la tierra fortalecer en

---

[62] Citado en Marina Warner, *Tú sola entre las mujeres,* Madrid, Taurus, 1991, pág. 309.

sus hijos y en los varones las virtudes sociales e individuales. El mundo es un «valle de lágrimas», en especial para las mujeres, pero en ese sacrificio, sumisión y abnegación las mujeres encuentran su santidad. La mujer ha de «ser otro, para otro, a través de otro»; así es como contribuye al orden divino. Las mujeres son sagradas, y su sagrado deber debe acallar sus derechos. Frente a esta visión del mundo, Cady Stanton afirmaría: «El desarrollo de uno mismo es un deber más sagrado que el autosacrificio»[63]. Por lo tanto, uno de los mitos a los que se han de enfrentar las feministas del siglo XIX es el mito de la mujer sagrada y los dos aspectos simbólicos a los que da origen: la mujer ángel, la mujer demonio. Para los varones, la influencia de las mujeres ha de permanecer en el terreno de lo ignoto.

Otra vuelta de tuerca: psicología e histeria femenina

En el siglo XIX, los argumentos de inferioridad de las mujeres no podían explicitarse de modo abierto. La psicología y, más concretamente, a finales de siglo y principios del XX, el psicoanálisis, al centrarse en la sexualidad, va a considerar la diferencia entre los sexos como disposiciones de carácter. En términos generales la psicología decimonónica muestra una relativa indiferencia a los procesos mentales de las mujeres. La psicología de las mujeres es «oscura». Pese a ello, se instala como tópico que la sexualidad de las mujeres es pasiva y que su carácter es maternal. En cualquier caso, la «oscuridad»

---

[63] *La Biblia de la mujer,* Madrid, Cátedra, 1997, pág. 332. Afirma Cady Stanton que esta debería ser una máxima para toda mujer. De hecho en sus comentarios a la Biblia es una máxima que repite con diversas variaciones, tales como: «el primer deber de la mujer es, sin embargo, para consigo» (pág. 74), «de buena gana enseñaría yo a las mujeres que el desarrollo de sí es un deber superior a la abnegación» (pág. 111), «cuando las mujeres aprenden el deber superior del desarrollo de sí mismas, no dedicarán de tan buena gana todas sus fuerzas a servir a los demás» (pág. 321).

psicológica de las mujeres tiene consecuencias sociales, ya que se percibe como elemento negativo que puede conducir a la decadencia social. Gracias a la psicología, la misoginia en el siglo XIX se eleva a un plano simbólico: violencia simbólica contra las mujeres que sigue presente en nuestras sociedades. La sexualidad aporta reglas válidas para explicar la relación y la desigualdad entre los sexos como una cuestión de configuración mental. Por ejemplo, el comportamiento sexual de varones y mujeres, a la luz de estudios psicológicos, es caracterizado como diametralmente opuesto. La sexualidad en los varones es analizada como deseo que opera en la selección natural para procurar ventajas individuales; por el contrario, la sexualidad en las mujeres se vincula a la perpetuación de la especie. La sexualidad en los varones opera como síntoma de individuación, y en las mujeres, para asignarles el papel de reproductoras.

De igual modo la sexualidad de las mujeres se entiende como un «continente oscuro» proclive, eso sí, a enfermedades. Las mujeres en el siglo XIX son consideradas eternamente enfermas. Se establece una correlación entre enfermedad mental y aparato genital. De entrada, la menstruación se concibe como una herida de los ovarios que produce desequilibrios nerviosos. A partir de ahí, no es en absoluto extraño que en buena parte del siglo XIX se definiera la histeria como efecto de una irritación del aparato genital: «El histerismo es un efecto, una alteración nerviosa refleja, debida a la irritación de los órganos genitales»[64]. Se la consideraba una afección rebelde a ceder, que, además, se manifestaba en las mujeres en el momento en el que los órganos genitales «entran en su periodo propio de actividad». En la pubertad, cuando la irritación del aparato genital es inevitable, la

---

[64] G. S. Bedford, *Lecciones clínicas de las enfermedades de las mujeres,* Madrid, Imprenta de José M. Ducazcal, 1864, pág. 84. Original en Universidad Complutense de Madrid. Enlace permanente a este libro: https://hdl.handle.net/2027/ucm.5324300991.

histeria tiende a manifestarse frecuentemente. De ahí que una recomendación extendida para prevenir la aparición de la histeria fuera la de casar tempranamente a las mujeres. Por el contrario, en el momento en que cesa la función menstrual, «cuando los últimos fuegos de su estío son apagados por los hielos del invierno», esta afección es sumamente rara.

La histeria fue diagnóstico habitual de un amplio abanico de síntomas cuando menos difusos: abatimiento, alteraciones nerviosas (risas, llantos, gritos, suspiros...), incapacidad para respirar, palpitaciones, pérdida de conocimiento, movimientos convulsivos o parálisis. Si variada es la sintomatología, hay, sin embargo, cierta univocidad en el modo de tratarla: para una mayoría de casos el tratamiento más eficaz consistía en la aplicación de corrientes galvánicas (eléctricas) de fuerza media, el uso de duchas de agua fría e incluso la extirpación de los ovarios. Pero en alguna de sus manifestaciones se consideraba más efectivo someter a la enferma «al imperio de una voluntad que la domine».

Esta idea de una «voluntad que la domine» adquirirá una dimensión nueva, a finales del siglo XIX, con los estudios y tratamiento de la histeria llevados a cabo por Charcot. Desliga la histeria de una enfermedad uterina y afirma que se trata de un trastorno neurológico. Para mostrar la regularidad de los síntomas histéricos, introduce la práctica de la hipnosis: mediante órdenes precisas se podían reproducir los síntomas de la histeria. Charcot estaba convencido de que la histeria se desencadenaba por un suceso que había causado un impacto profundo en la mente de la persona enferma. Postuló que debía de haber un factor desencadenante. Surge el concepto de trauma. Así es que el trauma se convierte en causa de la histeria, y la hipnosis, en su efecto natural. Para rastrear el factor desencadenante la regresión hipnótica se convirtió en imprescindible y desgraciadamente también en espectáculo: se conmina a la histérica bajo hipnosis a relatarlo. Por otra parte, Charcot consideraba que la propia susceptibilidad a la hipnosis denotaba la degeneración neurológica que era a su vez causa de la histeria: un círculo vicioso del que difícilmente podía escapar la persona histérica, puesto que la histeria puede ser generada mediante un dispositivo de sugestión. La hipnosis a finales del siglo XIX se convirtió en espectáculo para denigrar el sufragismo.

El histerismo sufragista

A finales del siglo XIX, el prurito explicativo de la psicología y la psicoterapia determinó que la cualidad ignota de la histeria femenina se debía a una «fractura interna del yo». La quiebra del yo o disociación de la conciencia parecía tener bastante que ver con la pretensión por parte de las mujeres de emulación o envidia del mundo masculino. De hecho, Freud, discípulo de Charcot, afirmó que la histeria tiene una etiología «innegablemente sexual» y estableció, además, la relación causal entre sexualidad y neurosis. El yo neurótico es incapaz de desempeñar las obligaciones impuestas por la sociedad. Es un yo desgarrado por ambiciones contrarias, por perturbaciones psíquicas e inhibiciones de la voluntad. Resultó notablemente exitoso asociar sufragismo a neurosis sexual, esto es, histerismo. De hecho, Freud se oponía a la emancipación de las mujeres aduciendo que sus códigos morales eran inferiores a los de los varones. Por naturaleza pasivas, las mujeres se oponen a cualquier cambio. Según Freud, en las mujeres la constatación de las diferencias anatómicas se plasma en la «envidia del pene» que puede generar un «complejo de masculinidad», lo que en algunos casos dificultaría el desarrollo de la feminidad y la toma de conciencia de la superioridad masculina. Así las cosas, Freud señala tres posibles comportamientos sexuales de las mujeres derivados de la comparación con la sexualidad masculina y el complejo de castración. En el primer caso, algunas mujeres, asustadas por la comparación de sí mismas con el varón, renuncian a su sexualidad en general. Un segundo grupo de mujeres se aferran obstinadamente y de modo desafiante a la sobreacentuación de la propia masculinidad; este «complejo de masculinidad» puede desembocar en una elección de objeto homosexual. Por último, un tercer camino en la evolución de la sexualidad en las mujeres conduce a una actitud femenina normal, en la que toma al padre como objeto y alcanza así la forma del «complejo de Edipo». En definitiva, la feminidad normal ha de pasar por un tortuoso proceso: del complejo de castración, que la destruye, al complejo de Edipo, en el que las mujeres aceptan su feminidad. Freud desarrolla en términos psicoanalíticos en qué consiste la sexualidad de las mujeres, para acabar aceptando que la mujer es un enigma. Y ese carácter enigmático, más la utilización de imperativos psicológicos como el «complejo de castración» y el «complejo de Edipo», eleva la inferioridad de las mujeres a un plano simbólico que no hará más que afianzar la violencia simbólica ejercida contra ellas, desde el siglo XIX hasta nuestros días.

Freud legitima la violencia simbólica contra las mujeres desde una perspectiva psicológica, determinismo psicológico, pero contaba con notables precedentes de autores que, desde la filosofía o la literatura, habían abundado también en el psicologismo y el carácter enigmático de las mujeres. Una buena manera de combatir el sufragismo fue asociarlo al histerismo. Los discursos sufragistas fueron etiquetados de «inspiración histérica» y las sufragistas fueron descritas como mujeres que renegaban de su feminidad. Así, por ejemplo, Nietzsche, en *Más allá del bien y del mal,* libro publicado en 1886, describía a las mujeres en su conjunto como histéricas: débiles, típicamente enfermas, variables, inconstantes. Nietzsche describe como cualidad natural de las mujeres ser histéricas, pero esa misma cualidad es la que las hace femeninas, esto es, carentes de voluntad. La guía de acción de las mujeres es «él lo quiere». Por ello, cuando se refiere al sufragismo y «a los asnos doctos de sexo masculino» que afirman la igualdad de los sexos, no duda en sostener que la pretensión de igualdad implica una desfeminización de las mujeres. Se volverán más histéricas de lo que son por naturaleza, ya que perderán pudor, desaprenderán a *temer* al varón y abandonarán sus instintos más femeninos, ejercer sobre los varones miedo y compasión[65]. Para Nietzsche, la idea de igualdad corrompe el carácter de las mujeres y quebranta los valores de la masculinidad: dominio, poder, conquista.

A su vez, en 1886, Henry James publica su novela *Las bostonianas,* en donde despliega una crítica implacable al sufragismo. Al igual que Nietzsche, describe su propio tiempo como un tiempo afeminado caracterizado por la charlatanería, la histeria, las frases vacías, las sensibilidades enfermizas, insulso, pretencioso y anodino. Un mundo en donde el carácter masculino y su capacidad para arriesgar y no temer la realidad sucumben a la ola de feminización. James se plantea «salvar al sexo masculino». Para ello va tejiendo una red de tópicos cuyo hilo conductor es la vinculación del sufragismo con el histerismo. James caracteriza al personaje de ficción, Olive Chancellor, como una sufragista nerviosa, asaltada por miedos irracionales y que sufre periodos de ansiedad o ataques de timidez fruto de una feminidad no asumida. En definitiva, una fanática enloquecida. En su relato asocia discursos sufragistas con entretenimientos mesméricos o hipnóticos dirigidos a un amplio auditorio. Lo relevante en este tipo de espectáculos no es lo que se diga, sino el asombro que causa en el espectador ver a una persona en trance. Sugiere así que el discurso sufragista es fruto de la sugestión: de la locuacidad atribuible a alguien que se halla en trance. Así pues, la elocuencia de quien se refiere a los derechos y sacrificios de las mujeres, la igualdad de los sexos, la futura necesidad del sufragio no es otra cosa que inspiración histérica, bien se podía tener la intención de decir eso como otra cosa[66].

---

[65] Friedrich Nietzsche, *Más allá del bien y del mal,* Madrid, Alianza Editorial, 1985, § 239.

[66] «Era una especie de poder externo, que parecía fluir a través de ella [...]. Era suficiente con que él les pusiera las manos encima en un estado de

A la par que se procede a identificar sufragismo con histerismo, también se procede a presentar a las mujeres con probadas cualidades intelectuales como andróginos. La inteligencia es una característica masculina, y, por lo tanto, las mujeres que afirman su yo gracias a una poderosa capacidad intelectiva son masculinas. Esta identificación es la que nos permitiría entender las palabras de Flaubert al pie de la tumba de George Sand: «Había que conocerla como yo la conocía para saber todo lo que había de femenino en este gran hombre»[67]. Otto Weininger en 1902 afirmaría en *Sexo y carácter*:

> La mujer carece de la necesidad, y, por tanto, de la capacidad de emanciparse. Todas las mujeres que realmente

---

recogimiento y la inspiración llegaba instantáneamente. En el Oeste habían descubierto que aquella inspiración tomaba la forma de una elocuencia considerable [...]. Había expuesto con simpatía el movimiento por la emancipación de la mujer de toda clase de servidumbres; [...] y ahora la inspiración, si es que podía llamarse así, se encauzaba en tal sentido» (Henry James, *Las bostonianas,* Barcelona, Seix Barral, 1993, pág. 58).

El efecto que producen las palabras de la joven Tarrant en el joven Basil Ransom es descrito por James en los siguientes términos: «Basil Ransom pudo convencerse de que sus argumentos no arruinaban el efecto producido [...] y su mente estaba bien acorazada contra la futilidad de lo que ella predicaba: los derechos y sacrificios de las mujeres, la igualdad de los sexos, el histerismo que alimentaba todos los convencionalismos, la futura necesidad del sufragio, la perspectiva de las madres inscritas en el senado nacional. Nada de aquello importaba: ella no quería decir eso, ni siquiera sabía qué significaban aquellos términos, no tenía mayor intención de decir eso en vez de otra cosa; las necesidades de su naturaleza no se expresaban en la necesidad de conseguir adeptos a una causa, sino de emitir aquellas agradables notas de su voz y efectuar aquellos libres modales juveniles, sacudir su rizada cabellera como una náyade que surge de las olas, encantar a la persona que se encontrara a su lado y ser feliz al encantarla [...]; él se conformaba con creer que era tan inocente como encantadora, y en considerarla como se considera a una cantante de facultades superiores condenada a cantar mala música» *(ibíd.,* págs. 63-64).

[67] *Historia de las mujeres,* Madrid, Taurus, 1993, tomo IV, pág. 546.

tienden a la emancipación, todas las que han alcanzado fama con justo derecho y se han hecho conocer por algunas de sus condiciones espirituales, presentan siempre numerosos rasgos masculinos, y una observación sagaz permite reconocer en ellas caracteres anatómicos propios del varón, un aspecto somático semejante al del hombre. Las mujeres del pasado y del presente cuyos nombres están en los labios de las defensoras del movimiento emancipador para demostrar la capacidad del sexo femenino, pertenecen exclusivamente a las formas intersexuales más avanzadas, vecinas a esos grados medios que apenas pueden ser catalogados como femeninos[68].

Se instala, pues, un saber sobre los sexos de pronunciado carácter psicológico que en los inicios del siglo XX quedaría plasmado en la obra de Weininger y también en la de Freud, quien define a las mujeres de modo harto elocuente: «La mujer es su descendencia». La vinculación de las mujeres a cuestiones psicológicas o más propiamente hablando psicoanalíticas volverá a resurgir con fuerza en las teorías de género y queer de finales del siglo XX.

«MÍSTICA DE LA FEMINIDAD» Y SOCIOBIOLOGÍA
CONTRA EL FEMINISMO DE LA IGUALDAD O TERCERA OLA

Llegados al siglo XX, y tras la Segunda Guerra Mundial, la estéril «mística de la feminidad» diseña un modo de vida inhabitable para las mujeres por el cual se ven obligadas a renunciar al ejercicio de sus derechos políticos y oportunidades educativas por la intendencia en el hogar. La respuesta a esta horma moral se inicia en los años setenta, y el lema «lo personal es político» condensa la línea de acción que va a seguir

---

[68] Otto Weininger, *Sexo y carácter*, Barcelona, Península, 1985, pág. 75.

esta tercera ola del feminismo: la igualdad de derechos es solo aparente, por lo que los ámbitos normativos, legales, políticos, económicos y culturales deben ser sustancialmente alterados.

La articulación política de rechazo a la igualdad entre mujeres y varones transita por lo que magistralmente Susan Faludi describió como «reacción» o «la guerra no declarada contra la mujer moderna». Por «reacción» debemos entender la actitud de oposición ante innovaciones políticas, sociales y culturales basadas principalmente en la extensión de derechos. Los movimientos reactivos en contra de las mujeres no son en absoluto casuales, ya que siempre se desencadenan cuando se producen avances en la posición social y política de las mujeres. La «reacción» surge como consecuencia del progreso de las mujeres con el único fin de frenar su avance: la reacción no se desata porque las mujeres hemos conseguido la plena igualdad con los varones, sino porque parece posible llegar a conseguirla. «Es un golpe anticipado que detiene a las mujeres mucho antes de que lleguen a la meta»[69].

Sociobiología y «política del resentimiento»

A partir de 1975, y gracias a la publicación del libro *Sociobiología* de E. O. Wilson, la sociobiología se convierte en una disciplina en auge. Es presentada como una ciencia que estudia las bases biológicas de la conducta social tanto humana como animal. La sociobiología da prioridad al determinismo genético e infravalora el legado cultural a la hora de explicar la conducta. Muy concretamente, Wilson afirmó que no solo el comportamiento humano, sino también la propia configuración mental, se hallaban con toda certeza bajo el control de

---

[69] Susan Faludi, *Reacción. La guerra no declarada contra la mujer moderna,* Barcelona, Anagrama, 1991, pág. 21.

los genes. Wilson traslada las ideas darwinianas de la selección natural a la conducta humana y la relación entre los sexos. Afirmó que los grupos humanos que practiquen la división sexual del trabajo, en la que las mujeres hagan de niñeras y educadoras de los niños, tendrán ventaja evolutiva. Defendió que

> este comportamiento pasa de alguna manera a formar parte de nuestro código genético, de modo que las propensiones psicológicas y físicas necesarias para esta organización social se desarrollan selectivamente y se seleccionan genéticamente. El papel de madre no es tan solo un papel asignado por la sociedad, es también el que se ajusta a las necesidades físicas y psicológicas de las mujeres[70].

Concluyó que cualidades tan complejas como el altruismo, la lealtad o la conducta maternal también están codificadas en los genes y son vitales para la supervivencia del grupo.

En los años posteriores a la publicación de *Sociobiología* se produjo una verdadera eclosión de libros sobre la misma temática en donde se afirmaban cuestiones como las siguientes: la familia nuclear está enraizada biológicamente; el varón domina naturalmente a la mujer; la sumisión y el adiestramiento se deben a predisposiciones genéticas; los genocidios han podido desempeñar un rol en la evolución humana; la estratificación social es biológicamente normal. Así pues, la sociobiología como disciplina contribuyó a reforzar el sistema establecido, reafirmó como legítimas concepciones sexistas y elitistas y se mostró partidaria de políticas de control social. En Estados Unidos, la sociobiología sirvió, a todo efecto, de fundamento teórico de la administración Reagan (1981-1989) y ofreció argumentos, elevados a categoría de ciencia, para legi-

---

[70] Citado en Gerda Lerner, *La creación del patriarcado,* Barcelona, Crítica, 1990, pág. 12.

timar prácticas coercitivas y de rechazo a implementar políticas de igualdad. La sociobiología brindó el marco teórico apropiado al conservadurismo político estadounidense, facilitando la persecución política de las propuestas feministas.

En su libro *Reacción,* Faludi describe cómo operó en Estados Unidos la «política del resentimiento» contra las mujeres: «Los líderes de la "nueva derecha" fueron los primeros en formular el argumento central de la reacción: la libertad de la mujer es la causa de su infelicidad»[71]. Este fácil mensaje, sin mayor poso argumentativo, acabó por ser «tendencia» en los medios de comunicación. La «nueva derecha» pretendía que las agujas del reloj volvieran a marcar el año 1954 y las agujas del tiempo corrieron hacia atrás gracias a la administración Reagan. Tras la victoria de Reagan, a partir de 1980 «las mujeres empezaron a desaparecer de los despachos federales». Al iniciarse el segundo mandato de Reagan, y sin la presión de la reelección, la política del «resentimiento contra las mujeres» se incrementó: se suprimieron programas cuyo objeto fuera desarrollar políticas de igualdad, se desmantelaron comités de empleo, de salud y de educación y se dejaron de compilar estadísticas acerca de las mujeres que buscaban trabajo. Para la administración Reagan, la ayuda a las mujeres pasaba única y exclusivamente por la mejora de los salarios de los varones, para que ellas pudieran «quedarse en casa cuidando de sus hijos». Esta política ejecutiva, contraria a la igualdad de oportunidades, se aderezaba teóricamente gracias a los «trabajos de investigación» llevados a cabo en la Fundación Herencia.

La Fundación Herencia contribuyó a extender los tópicos antifeministas. A partir de 1981, esta fundación traza un plan maestro, *Mandate for leadership* [Mandato para el liderazgo], alertando sobre los efectos indeseados del feminismo. Para

---

[71] Susan Faludi, *op. cit.,* pág. 288.

contrarrestar el poder feminista, elabora una serie de medidas. Tres años más tarde, la Fundación Herencia, sin bajar la guardia, pretendía desacreditar toda campaña en favor de los derechos de las mujeres. En definitiva, el conservadurismo político estadounidense puso en su diana al feminismo: advertía de la «creciente presión política de los intereses feministas» y de la infiltración de una «red feminista» en los organismos gubernamentales y planteaba las medidas que había que tomar para contrarrestar el poder feminista. Así, por ejemplo, desde el Centro para la Familia en los Estados Unidos, dependiente del Instituto Rockford *(think tank* conservador), se atribuía al feminismo la responsabilidad de una serie de males sociales, desde la rebeldía juvenil hasta los sentimientos contrarios a los Estados Unidos. En 1989, este Centro para la Familia realiza veintiuna investigaciones, de las cuales solo dos no tienen que ver con la cuestión feminista. Los títulos de sus investigaciones son ya de por sí muy ilustrativos: *Perilous Parallel: Working Wives, Suicidal Husbands* [Peligroso paralelismo: esposas trabajadoras, maridos suicidas], *Why more Women Working Means Lower Pay for Men* [Por qué cuantas más mujeres trabajan menos cobran los hombres], *The Frightening Growth of the Mother-State-Child Family* [El terrorífico crecimiento de la familia madre-estado-hijo] y *The Link Between Mother-Dominated Families and Drug Use* [La relación entre las familias dominadas por la madre y el consumo de drogas][72].

Este golpe anticipado a las expectativas de las mujeres y la onda expansiva de las políticas Reagan en Estados Unidos y de Thatcher en Europa se encuadran en el contexto político y económico de acoso y derribo de la «sociedad del bienestar». El incipiente neoliberalismo identificó a la perfección que modelo de bienestar y mejora en las expectativas sociales y políticas de las mujeres iban de la mano. Así es que desmante-

---

[72] *Ibíd.*, págs. 293-294.

lar la sociedad del bienestar implicaba, a su vez, frenar a las mujeres en su camino hacia la plena igualdad con los varones. A tal fin, no dudaron en presentar a las feministas como espíritus malévolos que socavaban los cimientos de la sociedad. No me resisto a citar algunos de los tópicos antifeministas esgrimidos por los representantes de la «nueva derecha» política de aquellos años, por su cercanía a algunos planteamientos de hoy en día: se acusó a las feministas de vocingleras y agresivas, de socavar la política nacional, de truncar las aspiraciones de los varones al amenazar su estatus profesional como competidoras, de la violencia doméstica al despojar al varón de su liderazgo en el hogar, del declive económico nacional al exigir igualdad de oportunidades y derechos, de la pérdida de poder adquisitivo de los varones, de las elevadas tasas de divorcio, de la desprotección de la familia debido al ataque satánico de las feministas al hogar, de la rebeldía de la juventud y los sentimientos contrarios a la patria, de debilitar el aparato militar y de infiltrarse en la política internacional gracias a una siniestra conspiración feminista mundial «que extendía sus tentáculos por todo el "mundo libre"»[73].

Las nuevas expresiones de la política del resentimiento

La percepción de amenaza a un determinado estilo de vida son los leños que alimentan exitosamente el fuego de la reacción. Así fue en el pasado, así lo es también en el momento actual. La «nueva derecha» económica, surgida en los años ochenta del pasado siglo, desató una tormenta perfecta para combatir la «falsedad del feminismo»: amplios sectores de población muy conservadora tenían la triste impresión de que el poder del que habían gozado en tiempos no tan lejanos a su

---

[73] *Ibíd.*, pág. 293.

propia experiencia vital estaba en franca decadencia; la «nueva derecha», al señalar al movimiento feminista como el principal causante de alterar los cimientos tradicionales de la sociedad, les sirvió en bandeja un enemigo concreto, al que muchos incluso podían poner rostros más o menos conocidos: las feministas. Ahora bien, si la población más conservadora podía ser receptiva a argumentaciones cuyo eje fuera la defensa de una moral tradicional, se imponía también lograr la adhesión de grupos sociales con estilos de vida más liberales: los argumentos morales no resultaban convincentes a oídos liberales, pero sí los de tipo económico.

En una época de recesión económica como lo fue la década de los ochenta, la «nueva derecha» se sirvió de argumentos económicos para convencer a aquellos sectores de población que no compartían la defensa de la moral tradicional. Se extendió la idea de que el feminismo ponía en riesgo la economía nacional: las políticas de igualdad incrementan el gasto público. Y además la lucha feminista por la igualdad económica amenaza la frágil masculinidad en tiempos de recesión económica. Así es que «cuando el enemigo no tiene cara, la sociedad se inventará una. Las tensiones acumuladas a causa del descenso de los salarios, de la inseguridad laboral y del coste desmesurado de la vivienda necesitaban una bestia negra, y en los ochenta, esta fue la mujer»[74].

La causa contra las mujeres exigía además una cierta diplomacia en el uso de las palabras, puesto que por ley las mujeres debían disfrutar de las mismas cotas de libertad e igualdad que los varones. Por lo tanto, se produjo una recurrencia constante a eufemismos que evitaban referirse en directo a los derechos de las mujeres pero cuya utilización ocultaba la negación absoluta de tales derechos. Así, por ejemplo, la frontal oposición a los derechos sexuales y reproductivos de las muje-

---

[74] *Ibíd.*, pág. 104.

res se canalizaba mediante el enunciado «actitud a favor de la vida»; la negativa a la entrada masiva de las mujeres en el mundo laboral fue calificada de «actitud a favor de la maternidad», y la defensa del papel tradicional de las mujeres en el hogar se recogía en la expresión «actitud a favor de la familia»[75]. La lucha contra la igualdad y la posición de avance de las mujeres requería, a su vez, de la complicidad de las autoridades gubernamentales: sirviéndose de estas posiciones «favorables a la familia, la maternidad y la vida», se llevó a cabo el acoso y derribo de las políticas de igualdad. Se desmantelaron los organismos encargados de asegurar el cumplimiento de las normas que garantizaban la igualdad, se vaciaron de contenido las decisiones legales que afectaban al logro de la igualdad y se impusieron restricciones al aborto. Llegados a este punto de la lectura, se pueden preguntar: pero... ¿está describiendo los años ochenta del pasado siglo o lo que sucede hoy en día? La respuesta es que el movimiento reactivo en contra de los avances de las mujeres siempre ha utilizado los mismos argumentos económicos, recurrido a eufemismos para evitar hablar de igualdad y contado con la colaboración de partidos políticos y gobiernos para socavar las políticas de igualdad.

---

[75] *Ibíd.*, págs. 296-299.

*La cuarta ola
y pandemia de género: generismo*

La «cuarta ola»

Si bien las tres olas del feminismo llegaron a tierra firme para transformar la realidad y cambiar la orografía de nuestras normas y costumbres, lo cierto es que, a tenor del movimiento de la ola, de la dirección de la agenda feminista y del golpe ejercido sobre el muro legislativo o normativo, siempre se ha producido una contraola o resaca que intenta volver de nuevo al proceloso mar de la misoginia y la reacción. De la primera ola del feminismo nace la «resaca naturalista» por la que se excluye a las mujeres de los derechos cívicos debido a que la propia naturaleza se los ha negado: las mujeres reproducen dentro del Estado el orden natural: «No son ciudadanas porque son madres y esposas». El feminismo sufragista, a su vez, se enfrenta a la «resaca del dimorfismo sexual»: varones y mujeres viven en esferas separadas no solo por presentar dos formas anatómicas diferentes sino porque ética, política y normativamente son diferentes. Tienen destinos diferentes. Por ejemplo, las mujeres están determinadas por la generosidad y el altruismo, su verdadero destino ético, y no pueden por ello aspirar a ser «la palanca de la civilización» porque esta depende por entero de los varoniles valores de la competencia y la ambición, como afirmara Darwin. A su vez, las mujeres han de quedar excluidas de la política porque colectivamente no representan clase social alguna, a diferencia de los varones, que se constituyen en clases políticas enfrentadas, e individualmente las mujeres son influenciables mientras que los varones se distinguen por su madurez crítica. Normativamente hablando a ellas les corresponde «mecer la cuna en el hogar», mientras que ellos tendrán por horizonte el vasto mundo. La diferencia como factor de exclusión fue el legado del siglo XIX que aún brota en nuestro tiempo. En lo que se refiere al último tramo del siglo XX, la vindicación feminista se concreta en la denuncia de la igualdad formal, la exigencia de reconocimiento de los derechos sexuales y reproductivos y la articulación efectiva de políticas de igualdad en todas las esferas de realización social de mujeres y varones. La reacción esperable al planteamiento feminista del siglo XX procedió en buena medida de los planteamientos políticos conservadores y la importancia atribuida a los credos religiosos. Hasta aquí nada nuevo.

En el análisis del feminismo político conviene recordar que en 1992 se celebra en Atenas la primera Cumbre Europea de «Mujeres en el poder», reunidas para debatir sobre la participación de las mujeres en los órganos de decisión. Se habla, por lo tanto, de «democracia paritaria». Sus posicionamientos se plasman en la Declaración de Atenas, de importancia significativa para el ejercicio del poder político de las mujeres. En el preámbulo de la declaración se denunciaba la infrarrepresentación de las mujeres en los puestos de decisión; se hacía constar que las mujeres representan la mitad de la inteligencia y capacidad humanas, por lo que su exclusión en la toma de decisiones supone un lastre para los intereses y necesidades del conjunto social; se afirmaba que no hay justicia ni equilibrio social si las mujeres continúan infrarrepresentadas en el ejercicio del poder político. Se exigía la paridad en la representación y la administración de las naciones[76]. En Atenas, también se hacía referencia al «techo de cristal» por el cual a las mujeres solo se les permite el acceso a un determinado nivel en toda estructura jerárquica (pública o privada):

> Con la expresión «techo de cristal» se designa todo el conjunto de prácticas y maniobras que dan como resultado que las mujeres sean desestimadas por los sistemas de cooptación [...] la cooptación funciona en toda trama informal y en el sistema no explícito de poder que conocemos por el nombre de influencia. Son los otros —el grupo de los iguales previamente definido— quienes juzgan ese dar la talla y se trasladan entre sí la aquiescencia o la negativa a la entrada de otro u otra en su círculo[77].

En la Declaración de Atenas de 1992 se pedía a los países y a los gobiernos que la igualdad se transformara en una efec-

---

[76] DECLARACIÓN DE ATENAS, 1992.
Adoptada en la primera Cumbre Europea «Mujeres en el Poder», celebrada en Atenas el 3 de noviembre de 1992.
PORQUE la igualdad formal y real entre las mujeres y hombres es un derecho fundamental del ser humano.
PORQUE las mujeres representan más de la mitad de la población. La democracia exige la paridad en la representación y en la administración de las naciones.
PORQUE las mujeres constituyen la mitad de las inteligencias y de las capacidades potenciales de la humanidad y su infrarrepresentación en los puestos de decisión constituye una pérdida para el conjunto de la sociedad.
PORQUE una participación equilibrada de mujeres y hombres en la toma de decisiones puede generar ideas, valores y comportamientos diferentes, que vayan en la dirección de un mundo más justo y equilibrado tanto para las mujeres como para los hombres.
PORQUE la infrarrepresentación de las mujeres en los puestos de decisión impide asumir plenamente los intereses y las necesidades del conjunto de la sociedad.
[77] A. Valcárcel, *La política de las mujeres,* Madrid, Cátedra, 1997, página 98.

tiva voluntad política y no se quedara solo en una declaración de principios.

Sin embargo, a partir de la Conferencia de Pekín de 1995, los escenarios políticos cambian, pero también los escenarios teóricos. Pekín eleva a agenda internacional la lucha política feminista del siglo xx. A mi modo de ver, la Conferencia de Pekín recoge ampliamente la agenda feminista elaborada en los últimos treinta años del siglo. Se asume políticamente la centralidad de la idea de igualdad y la necesidad de su transversalización en cualquier esfera de realización social e individual para poder hablar de una efectiva igualdad de mujeres y varones. A su vez, Pekín contribuyó a fijar conceptos y categorías propias del feminismo político: a las ya anunciadas en Atenas, de «paridad» y «techo de cristal», se sumarán otras como «violencia de género», «sexismo», «segregación sexual», «jerarquía sexual», «feminización de la pobreza», «control sexual», «perspectiva de género», «explotación sexual» y «estereotipos sexistas», por señalar las más significativas. En Pekín se proponen objetivos estratégicos y medidas concretas para promover la igualdad de derechos y dignidad de mujeres y varones; garantizar la plena aplicación de los derechos humanos de las mujeres y las niñas; remover los obstáculos que impiden la plena realización de las mujeres; promover la independencia económica; erradicar la pobreza que recae de modo específico sobre las mujeres; combatir la desigualdad estructural; garantizar la igualdad de acceso y la igualdad de trato de varones y mujeres en la educación y la salud; promover la salud sexual y reproductiva de las mujeres; prevenir y eliminar todas las formas de violencia contra las mujeres; intensificar los esfuerzos para garantizar el disfrute en condiciones de igualdad de todos los derechos humanos, fundamentalmente para todas las mujeres y niñas que se enfrentan con múltiples barreras para la potenciación de su papel como la raza, la edad, el idioma, el origen étnico, la cultura, la religión o la discapacidad. En la Conferencia Mundial sobre la Mujer en Pekín se materializa, como había sucedido en anteriores conferencias sobre la mujer, que el feminismo es un internacionalismo, sin menoscabo de las particularidades específicas de cada país, de sus antecedentes históricos, políticos o culturales.

La agenda política feminista diseñada en Pekín fue de amplio alcance, y por ello también lo fue la renuencia de gobiernos, partidos políticos, sectores públicos (del saber, la cultura, la justicia, la economía...) o sectores empresariales y económicos privados a hacer efectiva la transversalización de la igualdad. La tercera ola del feminismo político se cierra en Pekín, pero la lucha contra las barreras políticas, sociales, económicas, culturales o religiosas para hacer efectivo lo acordado en la Conferencia de 1995 continúa. Hoy sigue siendo una agenda inconclusa, lo que no impide que analicemos si los cambios actuales se adscriben o no a una cuarta ola feminista.

La cuarta ola en lucha contra la distopía transfeminista o feminismo emocional

No hay discontinuidad ni ruptura abierta entre una y otra ola feminista, sino ampliación de la agenda y adaptación teórica a las categorías políticas que cada tiempo histórico considera relevantes. Así, por ejemplo, en la primera ola se fijaría el estado de la cuestión en lo relativo a la posición social e individual de las mujeres respecto a la idea de ciudadanía; en la segunda ola, la sufragista, el marco vindicativo se amplía con respecto a la primera ola, pero los posicionamientos teóricos de lucha contra el determinismo biológico o constructivismo social son similares, aunque cambien sus énfasis según sea planteado por el feminismo sufragista o socialista. En la tercera ola del feminismo, a partir de los años setenta del pasado siglo, «lo personal es político» amplía el significado de la justicia sexual y social. El feminismo de la tercera ola entra en el espacio de la privacidad y la intimidad haciendo aflorar la violencia contra las mujeres en la esfera de la afectividad; denunciando, además, la ausencia de corresponsabilidad en los cuidados y las tareas del hogar, la situación crítica de las familias monomarentales, la indefensión de las empleadas del hogar, el incremento de la contratación a tiempo parcial para las mujeres por recaer sobre ellas el peso de los cuidados, los horarios laborales intensivos que impiden la conciliación, la estereotipación del mercado laboral, por citar solo algunas de la cuestiones de agenda más significativas de la tercera ola íntimamente conectadas con el espacio de la privacidad, como lo son la familia y las relaciones asimétricas que provoca entre mujeres y varones.

Parece también evidente que cada ola del feminismo se corresponde con periodos históricos de cambios políticos acelerados. La primera ola feminista surge precisamente en la modernidad cuando se produce un cambio en la concepción del poder, dando paso a las tesis contractualistas y a la propia Ilustración. La segunda ola, como ya referí, está intrínsecamente asociada a los procesos de democratización, y la tercera estaría íntimamente ligada tanto a la estabilización de la democracia como forma de gobierno como a la necesidad de garantizar un mínimo de derechos políticos. El marco ofrecido por el feminismo político sirve también para diferenciar entre sociedades abiertas, asociadas al pluralismo cultural, político y religioso, y sociedades cerradas, proclives al autoritarismo nacional o religioso que tienden a reforzar el pensamiento grupal.

Sin embargo, los procesos de globalización de finales del siglo XX imprimen un nuevo giro en las estrategias políticas y económicas y un cambio acelerado en la interacción social e individual. Por un lado, la globalización económica impide articular políticas que promuevan grandes cambios sociales hacia sociedades más igualitarias. La desigualdad social se incrementa. Por otro lado, la globalización se expande por el uso intenso de las tecnologías de la comunicación y las redes sociales, lo que influye también en la percepción individual. La vindicación colectiva se transmuta en una serie inacabable de experiencias individuales con sus propias demandas o vindicaciones: una auténtica babel vindicativa. El nuevo tiempo, pues, se caracteriza en términos socioeconómicos por la globalización y a título individual por el recurso a la experiencia vital, o subjetividad, como fundamento de legitimidad de las demandas.

Un nuevo relato político surge también con fuerza explicativa: la crítica a la globalización se hace a costa de elevar a categoría política la subjetividad. En primera instancia, la defensa de estos posicionamientos políticos corresponde a sectores de la izquierda política y posicionamientos transfeministas/queer que pretenden erigirse en la voz de un «nuevo feminismo». Como afirma Fukuyama, la agenda de la izquierda deriva hacia lo cultural, señalando como causa de la desigualdad la hegemonía de la cultura y los valores occidentales que reprimen a las minorías. La aparente imposibilidad de revertir la desigualdad económica y social termina por afectar a la memoria social o colectiva, sus vindicaciones, sus luchas y sus logros. De hecho, sectores de la izquierda y posicionamientos transfeministas/queer comienzan a cuestionar de modo abierto las vindicaciones y luchas de determinadas articulaciones políticas, afirmando, por ejemplo, que el feminismo político de la igualdad del siglo XX es la viva expresión de un pensamiento político hegemónico. Así pues, el nuevo mantra para combatir la injusticia se centrará en ensalzar las experiencias vitales, aunque de por sí restrinjan la acción colectiva.

La denuncia de una conciencia colectiva como rasgo hegemónico y la sintonía con la expresividad subjetiva alientan la confrontación con el feminismo político o de la igualdad. La novedad dolorosa de este siglo XXI es que el feminismo político se enfrenta a discursos reactivos, o de freno al avance de la igualdad para las mujeres, esgrimidos desde la izquierda política o grupos transfeministas/queer, supuestamente feministas. El feminismo político desde su inicio ha tenido que luchar contra los discursos reactivos que brotan de los credos religiosos y el pensamiento político conservador, para lo cual ha elaborado una sólida base argumentativa que ha logrado frenar, en cierta medida, el avance de la tópica misógina religiosa o conservadora. En el momento actual, el feminismo político está obligado a desarrollar y elaborar toda una estrategia argumentativa para rebatir los discursos reactivos de quienes se declaran de izquierdas y feministas pero son proclives a ensalzar la subjetividad y las teorías de la identidad de género. Indicar y denunciar las trampas conceptuales y políticas de este nuevo frente reactivo constituye un diferencial sustancial respecto a la tercera ola feminista.

No siempre los rasgos que definen una u otra ola feminista residen en la agenda o vindicación de actuaciones y objetivos concretos, sino en los recursos teóricos y argumentativos que el feminismo se ve obligado a desarrollar para desvelar las trampas conceptuales, políticas y culturales que impiden la efectiva igualdad de mujeres y varones. Las teorías de la identidad y el deseo y el énfasis en la subjetividad constituyen una amenaza teórica y política para el feminismo político. Dotarse de argumentos teóricos y denunciar las imposiciones legales de reconocimiento de la «identidad de género» o «autodeterminación de género», «género fluido o sentido» o «expresión de género» nos ofrece el marco de una realidad distinta de aquella en la que se desarrolló la tercera ola. No ignoramos tampoco, como feministas, que el énfasis en la subjetividad y su libre determinación facilita el camino a la regulación de la prostitución como trabajo y también es la base argumental de las posiciones favorables a regular la práctica del alquiler de vientres. La respuesta del feminismo a esta nueva reacción o misoginia conforma, a mi modo de ver, las bases de la cuarta ola.

La sobreexposición por parte de sectores de la izquierda y transfeministas/queer a las categorías de diversidad e identidad cierra el foco de manera acusada en la experiencia vital o subjetividad. El encuadre limitado en la experiencia vital produce una serie de efectos que distorsionan el análisis de la realidad. Los postulados transfeministas/queer tienden a agudizar las diferencias; señalaré dos de sus tópicos discursivos:

a) *Oposición activismo/teoría:* teoría y activismo feministas van de la mano, pero lo cierto es que el transfeminismo/queer tiende desafortunadamente a separar ambos espacios, a trazar una barrera en donde se otorga primacía al activismo y se desdeñan los posicionamientos teóricos. El transfeminismo/queer asocia activismo a los procesos de experiencia vital y subjetividad y suele considerar los planteamientos teóricos feministas sospechosos o alejados de la realidad. El activismo transfeminista/queer tiende a considerar como realidad solo aquello que dimana de la expresión subjetiva. Así, por ejemplo, a la abstracción de la teoría oponen la concreción de la experiencia; peyorativamente designan el trabajo intelectual feminista como un tipo de profesionalización que no contempla las necesidades de las mujeres: se afirma que la teoría no guarda relación con los cambios que experimentan las vidas de las mujeres, mientras que, por el contrario, el activismo feminista estaría «pegado» a la vida de las mujeres.

Pontificar sobre la brecha entre teoría y activismo feminista resquebraja la memoria colectiva del feminismo o, peor aún, de modo irreflexivo, se cuestiona la herencia pasada. Frente a estas tácticas de ruptura y estratificación feminista, buen y mal feminismo, cabe afirmar que la producción teórica orienta las prácticas feministas: la teoría feminista percibe las consecuencias de determinados actos que no son tan evidentes a la subjetividad o experiencia vital; otorga sentido y finalidad a la agenda feminista y denuncia el riesgo implícito de suponer que la expresión de la subjetividad es política. Para el caso que nos ocupa, el orden de factores sí compromete la articulación feminista: no es lo mismo afirmar que «lo personal es político» que afirmar que «lo político es lo personal», y corresponde, precisamente, a la teoría feminista explicar la diferencia. Así pues, el activismo feminista que opera negando la teoría es un activismo emocional que dificulta la común articulación política feminista.

b) *Oposición emoción subjetiva / bien común:* las redes sociales contribuyen a intensificar la creencia en la separación entre teoría y activismo feminista. Y contribuyen a la imposición coactiva del feminismo emocional, inasequible a las argumentaciones. La apelación constante a la experiencia individual, a la subjetividad, comporta que el transfeminismo/queer se distinga por hacerse cargo de una agenda opuesta frontalmente a la agenda feminista. Serán temáticas recurrentes del transfeminismo o feminismo emocional las siguientes: la reflexión sobre las identidades en consonancia con el posicionamiento queer; la construcción de la identidad de género; la prostitución como «trabajo sexual» y los derechos de «las trabajadoras del sexo»; la pornografía como pornofeminismo; la crítica a la institucionalización del movimiento gay y lésbico; el debate sobre el cuerpo, sus representaciones y modificaciones, negando la categoría sexo; la autonomía del cuerpo para uso mercantil, independientemente de las consecuencias; la denuncia de la idea de igualdad y el énfasis en la diversidad desde el relativismo cultural.

Me he limitado a describir algunas de las temáticas propias del feminismo emocional o transfeminismo que introducen una fisura en el movimiento feminista. El recurso a la experiencia individual y la propia subjetividad se convierten en la fuente de legitimación para aceptar los posicionamientos favorables a estas creencias y prácticas. Las emociones sustituyen a los argumentos. El psicologismo de las emociones se impone coactivamente para silenciar la perspectiva crítica del feminismo político: en este contexto psicologista, la simple referencia a la autoestima herida se impone a cualquier argumentación. Peligrosamente el feminismo emocional o transfeminismo tiende a equiparar las demandas subjetivas con indicadores certeros de estatus gracias a los cuales hemos abordado la desigualdad social, como el sexo, la raza, la etnia o la clase.

En definitiva, el feminismo emocional o transfeminismo se presenta como un retroceso en el avance hacia la igualdad de las mujeres, ya que la perspectiva emocional fragmenta la acción política. Pero, además, produce también un activismo irreflexivo que desestima cualquier análisis crítico de las consecuencias sociales, políticas y jurídicas de admitir a trámite creencias autorreferenciales o de prácticas que, por su significado social, alterarían los límites en los que se asienta la idea de bien común o responsabilidad social. La alianza de subjetivismo y economicismo se percibe en la tolerancia hacia la regulación del consumo pornográfico o el comercio sexual y reproductivo. El patriarcado se asienta felizmente en este caldo de cultivo gracias a la anuencia del feminismo emocional o transfeminismo, que idealiza la «oferta» como libre determinación de la voluntad, sin cuestionar en absoluto la «demanda»: el consumo pornográfico y el comercio sexual o reproductivo solo representarían estilos de vida sobre los que no cabe plantear ninguna objeción crítica.

Así pues, el marco de análisis del feminismo de la cuarta ola, en su crítica al determinismo biológico y constructivismo social, se enfrenta ahora también a la politización de la subjetividad o determinismo psicológico. El mensaje, pues, del feminismo político de la cuarta ola ha de ser rotundo en su negación de la experiencia vital o subjetivismo como reducto de fundamentación de la práctica y acción política. La cuarta ola feminista deberá denunciar que la experiencia vital de nuestra propia subjetividad también es un constructo determinado por discursos sociales. Para el feminismo de la cuarta ola, la mirada sobre nosotras mismas no puede ser autocomplaciente, sino crítica. No hay una estructura fija en la subjetividad, por lo que su politización impide percibir las trampas conceptuales que malogran la vindicación de igualdad. Contra la nueva reacción inscrita en el uso subjetivo de la categoría género y la negación del sexo ha de luchar el feminismo de la cuarta ola.

Pandemia de género: generismo

Sitúo como fin de la tercera ola feminista la Conferencia de Pekín de 1995 por dos consideraciones:

a) En la Conferencia de Pekín se eleva a agenda política la transversalización de la igualdad en todas las esferas de realización social, públicas y privadas. El sentir de las políticas de igualdad había de incidir en el cambio de los modos de vida de las mujeres y también de los varones. Como ya expresé en *Democracia feminista,* «la igualdad nos cambia a todos, mujeres y varones». En Pekín se hace patente la consideración de la igualdad como un principio de doble dirección: la capacidad de elección, de participación, de reconocimiento, de distribución de la riqueza de las mujeres necesariamente debe comportar un cambio en los modos de vida de los varones. Pekín también había de significar que para alcanzar la plena ciudadanía de las mujeres era imprescindible erradicar el marco normativo, construido a partir tanto de la «identidad sexual» como de la «diferencia sexual», por el cual las ideologías, normas y estereotipos sexuales mantenían viva la desigualdad estructural de las mujeres. La Conferencia de Pekín compendia la acción vindicativa del feminismo político del siglo xx. Hoy en día siguen sin hacerse efectivos amplios tramos de la agenda propuesta en 1995.

b) A su vez, en la Conferencia de Pekín comienza a hacerse visible el desacuerdo respecto a la noción de «género». Los credos religiosos y el conservadurismo político cuestionan abiertamente la noción de género utilizada. Pero este cuestionamiento también surge desde posicionamientos feministas que comienzan a entender el «género» como fuerza causal inherente a la construcción de la subjetividad.

La reacción conservadora al uso de «género»
y primeras fisuras en el movimiento feminista

En Estados Unidos, un subcomité de la Cámara de Representantes estableció un marco de reuniones y audiencias para recabar la opinión de los delegados que habían de asistir a la Conferencia de Pekín. Los representantes republicanos «provida» cuestionaron el uso de la categoría «género». Y ese rechazo original se trasladó de modo inmediato a la ONU. La polémica en la ONU llegó a tal extremo que se vio obligada a formalizar, por medio de la Comisión sobre la Condición Jurídica y Social de la Mujer, un grupo de contacto a fin de examinar la cuestión relativa al significado del término «género» y cuál era el uso pertinente. Debían llegar a un acuerdo sobre la interpretación más común del término «género» en el contexto de la Plataforma de Acción y comunicar sus conclusiones directamente a la Conferencia de Pekín»[78]. El desacuer-

---

[78] Naciones Unidas, *Informe de la Cuarta Conferencia Mundial sobre la Mujer*, Pekín, 4 a 15 de septiembre de 1995. Disponible en: https://www.un.org/womenwatch/daw/beijing/pdf/Beijing%20full%20report%20S.pdf.

do se produjo entre aquellas delegaciones que se obstinaban en una definición estrictamente biológica de *género* y quienes preferían referirse a los roles de varones y mujeres como constructos sociales. La solución de compromiso se concretó en un apéndice al Programa de Acción de la Conferencia, bautizado con el título de *Declaración sobre el sentido comúnmente atribuido al término género,* expresada en los siguientes términos:

> Habiendo examinado detenidamente la cuestión, el grupo de contacto señaló que: 1) el término «género» se había utilizado e interpretado comúnmente en su acepción ordinaria y generalmente aceptada en muchos otros foros y conferencias de las Naciones Unidas; 2) no había indicación alguna de que en la Plataforma de Acción pretendiera asignarse al vocablo otro significado o connotación distintos de los que tenía hasta entonces.
>
> En consecuencia, el grupo de contacto reafirmó que el vocablo «género», tal y como se emplea en la Plataforma de Acción, debe interpretarse y comprenderse igual que en su uso ordinario y generalmente aceptado[79].

Llama la atención en esta declaración que no se aclara en absoluto cuál es el «uso ordinario y generalmente aceptado» del término «género». El significado inespecífico de «género» sirvió, a todos los efectos, para introducir la confusión y que las distintas delegaciones adaptaran el significado de «género» a sus creencias o leyes y prácticas políticas. Así, por ejemplo, el Vaticano expresa sus reservas y reinterpreta, mediante una declaración, el significado que desde posicionamientos católicos se ha de atribuir al término «género». Obliga, además, a que en el informe de la conferencia figure su *Declaración de interpretación del término «género» por la Santa Sede.*

---

[79] *Ibíd.*, pág. 232.

En su texto, el Vaticano entiende el término «género» fundado en una identidad biológico-sexual, masculina o femenina; a su vez, reafirma las características propias del hombre y la mujer y su complementariedad, pretendiendo con ello desentenderse de la acusación de determinismo biológico; incide en la declaración en el punto de vista expresado por el papa Juan Pablo II en su «Carta a la mujer» en la que el pontífice explica y reconoce que la presencia de cierta diversidad de funciones en modo alguno perjudica a la mujer, siempre y cuando tal diversidad no sea el resultado de una imposición arbitraria, sino más bien la expresión de lo que corresponde concretamente a ser masculino o femenino[80].

---

[80] *Declaración de interpretación del término «género» por la Santa Sede.*

Al aceptar que la palabra «género» en el presente documento ha de entenderse conforme al uso ordinario en el contexto de las Naciones Unidas, la Santa Sede hace suyo el uso ordinario de dicha palabra en las lenguas en las que existe.

La Santa Sede entiende la palabra «género» sobre la base de la identidad sexual biológica, masculina o femenina. Además, en la Plataforma de Acción misma se utiliza claramente la expresión «ambos géneros».

La Santa Sede excluye así las interpretaciones dudosas basadas en puntos de vista dudosos por los que se afirma que la identidad sexual puede adaptarse indefinidamente con fines nuevos y diferentes.

También se desentiende de la noción biológica determinista de que las funciones y las relaciones de ambos sexos se han fijado de manera única y estática.

El papa Juan Pablo insiste en las características propias del hombre y la mujer y su complementariedad. Al mismo tiempo, ha aplaudido la asunción de nuevas funciones por la mujer, ha subrayado hasta qué grado el condicionamiento cultural ha sido un obstáculo para su progreso y ha exhortado a los hombres a contribuir al «gran proceso de liberación de la mujer» («Carta a la Mujer», 6).

En su reciente «Carta a la Mujer», el papa explicó el punto de vista ponderado de la Iglesia de la siguiente forma: «También es posible reconocer que la presencia de cierta diversidad de funciones en modo alguno perjudica a la mujer, siempre y cuando tal diversidad no sea el

Superada la perplejidad, me parece que la controversia ilustra muy bien las confusiones pasadas y presentes a la hora de describir la «relación sexo/género». También hay que anotar que ya en 1995 el término «género» comenzaba a no significar lo mismo en el seno del propio feminismo. De hecho, terminaría por marcar diferencias claramente reconocibles entre feminismo y «teorías de género». Y en buena medida ese uso diferenciado del término «género» acabará por concretarse en 2006, en los Principios de Yogyakarta, separando, a mi entender, de modo abierto y radical el feminismo del transfeminismo y generismo queer.

«Género»: ¿«categoría analítica» o «fuerza causal»?

A finales de los ochenta y comienzos de los noventa se pueden distinguir a la perfección dos grandes corrientes en el feminismo por el uso dado al término «género». Ambas corrientes difieren también de la tradición en la que se reconocen: una, que devendrá en la mayoritaria, se apoya en la Ilustración y su ejercicio de una razón crítica, mientras que la otra derivará de las críticas posmodernas a la Ilustración y al análisis crítico de la razón. El uso y significado del término «género» se convertirá en la categoría a través de la cual se escenifique el conflicto.

---

resultado de una imposición arbitraria, sino más bien la expresión de lo que corresponde concretamente a ser masculino o femenino». Naciones Unidas, *Informe de la Cuarta Conferencia Mundial sobre la Mujer, op. cit.,* pág. 173. A su vez, se encuentra disponible en: http://www.vatican.va/roman_curia/secretariat_state/archivio/documents/rc_seg-st_19950915_conferenza-pechino-genero_sp.html.

«Género» como categoría analítica

El feminismo que se reconoce en el potencial emancipatorio de las ideas ilustradas entiende que tanto la categoría «sexo» como la de «género» han de ser revisadas críticamente. No acepta su uso como un uso neutro y recurre a desmenuzarlos analíticamente hasta que sea comprensible que bajo la aparente neutralidad del sexo/género se encierra la desigualdad. El análisis crítico de la categoría «género» se sustenta en dos premisas que permiten revelar la pervivencia o no de tesis patriarcales en nuestras sociedades:

1. De las evidentes diferencias biológicas no se sigue que mujeres y varones estemos determinados biológicamente. La diferencia biológica de los sexos ha sido utilizada para cimentar una construcción social de los sexos con funciones diferenciadas.
2. La atribución de papeles sociales diferenciados a varones y mujeres da paso a un orden social jerárquico basado en la supremacía masculina y en la subordinación femenina. La pervivencia de las ideologías, normas y estereotipos sexuales contribuye a la desigualdad de las mujeres en el acceso al poder, a las oportunidades y a los recursos.

Así pues, el feminismo ha intentado mostrar de modo crítico cómo la construcción y el significado dado a la diferencia sexual, entendiendo los sexos como identidades biológico-sexuales ontológicamente diferenciadas, fundamentaron, a su vez, la asimetría o desigualdad de varones y mujeres en términos sociales. Por ello es evidente que para explicar las claves de la desigualdad estructural que padecen las mujeres, es necesario analizar la posición de mujeres y varones en un contexto relacional de mayor fuerza explicativa: las «relaciones sexo/género». Así las cosas, por «sexo» se entienden las diferencias anatómicas y fisiológicas que configuran nuestros cuerpos, y por «género», todo el entramado cultural y normativo que garantiza las divergencias entre varones (masculinidad) y mujeres (feminidad). De las «relaciones sexo/género» se derivan, pues, principios de organización social, pero también el contexto a partir del cual se constituye un yo. La perspectiva «sexo/género» le ha permitido al feminismo analizar críticamente tanto el determinismo biológico como las relaciones sociales y de poder, así como revisar los conceptos tradicionales sobre el conocimiento y el saber. Por último, el feminismo ha puesto de relieve los efectos que la relación sexo/género tiene en la construcción de la subjetividad y «en la idea de una cultura de lo que significa ser persona»[81].

La «relación sexo/género» opera en tres planos: en la estructura social, en el simbólico o cultural y en el individual. Determinar cómo opera en esos tres planos es la tarea que el feminismo se ha impuesto, y al proceso por el cual se revela cómo opera la relación sexo/género en lo social, en lo simbólico-cultural y en la subjetividad se le denomina «proceso analítico». De ahí que el «género» se entienda como categoría analítica.

La «relación sexo/género» vertebra la organización social y el eje del poder social en cualquier contexto histórico o cultural, produciendo asimetrías entre mujeres y varones. A la persistencia de la desigualdad, sea en el terreno social, político, sexual o de construcción de la identidad donde las expectativas de mujeres y varones difieren sustancialmente, se le

---

[81] J. Flax, *Psicoanálisis y feminismo. Pensamientos fragmentarios*, Madrid, Cátedra, 1995, pág. 85. Véase, a su vez, A. G. Jónasdóttir, *El poder del amor*, Madrid, Cátedra, 1993, págs. 125-164. A mi modo de ver, son textos de la época que estoy comentando que recogen muy bien el frente polémico que estaba surgiendo sobre el significado y uso del término «género».

denominará «patriarcado». Por lo tanto, la historia del feminismo consiste en una descripción detallada de la asimetría de poder entre varones y mujeres, llevada a cabo mediante relaciones sociales concretas, relaciones de género. De acuerdo con Sandra Harding:

> Prácticamente en todas las culturas, las diferencias de género constituyen una forma clave para que los seres humanos se identifiquen como personas, para organizar las relaciones sociales y para simbolizar los acontecimientos y procesos naturales y sociales significativos. Y prácticamente en todas las culturas, se concede mayor valor a lo que se considera relativo al hombre que a lo propio de la mujer[82].

Así pues, el análisis de las relaciones sociales de género revela que el género estructura la autoridad y el control que los varones ejercen sobre las mujeres, lo que acaba por traducirse en normativas sobre lo que debe ser la «masculinidad» y la «feminidad». A su vez, la práctica social de las relaciones de género ha afectado a las propias nociones de justicia y reconocimiento de derechos, como el feminismo se ha encargado de demostrar.

Un análisis más pormenorizado de las relaciones sexo/*género* revela que en el intento de justificar la desigualdad entre los sexos se han distorsionado también nuestras ideas acerca de la cultura y la naturaleza, la mente y el cuerpo, lo racional o irracional, lo público y lo privado, la producción y la reproducción, la independencia y la dependencia... configurando ámbitos de conocimiento dicotómicos y diferenciados, para asociarlos a hipotéticas características de la *masculinidad* o *feminidad*. En lo relativo al simbolismo cultural, podemos encontrar «construcciones culturales» relativas al *género,* pres-

---

[82] Sandra Harding, *Ciencia y feminismo,* Madrid, Morata, 1986, páginas 17-18.

cribiendo cuáles son los roles apropiados a varones y mujeres. En este sentido las religiones han desempeñado un papel esencial, y lo siguen desempeñando en algunas culturas, prescribiendo las normas relativas a los sexos. De acuerdo con cada cultura específica o época histórica es evidente que podemos señalar variaciones en los mandatos de *género,* pero no que no existan mandatos de *género.* Por último, las prescripciones culturales sobre la masculinidad o feminidad inciden en la constitución del yo o subjetividad. Por ello el feminismo se ha encargado de mostrar que referir qué es la subjetividad o identidad personal no se puede hacer al margen de un exhaustivo análisis de los efectos tanto biológicos (de sexo) como sociales (de género) en la constitución y expresión del yo.

En definitiva, la toma de conciencia de las «relaciones sexo-género» es feminismo. Considerar el género como categoría analítica sirve, a todos los efectos, para enjuiciar críticamente la práctica social. Por describir algunos ejemplos: la perspectiva de género, como indicador social, permite que podamos describir cómo opera la división sexual del trabajo y se lleva a cabo el proceso de asignación de actividades de acuerdo con el sexo. Gracias al enfoque de género se pueden describir los mecanismos de segregación y exclusión de las mujeres de lo público y cómo se produce la distribución de cargos y beneficios, favoreciendo a los varones. La variable «género» introduce parámetros que ayudan a entender y explicar cómo operan la segregación del mercado laboral, los patrones de producción y consumo y las oportunidades de empleo. Si tomamos como objeto de análisis el poder, la categoría «género» nos revela cómo se llevan a cabo los procesos de autoridad, control y coerción diferenciados para mujeres y varones y cómo se han prescrito esferas de realización social diferenciadas, correspondiendo a las mujeres las tareas de cuidado. Aplicado al simbolismo cultural, el análisis de género nos ayuda a entender cómo y cuáles son los mecanismos por los cuales se produce la apropiación del cuerpo de las mujeres y describe cómo se configura la violencia contra las mujeres en cada contexto cultural o tiempo histórico. Si tomamos el ámbito de la subjetividad, el término «género» nos alerta contra un patriarcado adaptativo que con sigilo es capaz también de configurar nuestro yo y casi, como sin darnos cuenta, encontrar satisfacción en la creación social de la feminidad o masculinidad, según corresponda; nos pone en guardia contra la asunción de cualidades mistificadas de mujeres y varones: empatía/ausencia de empatía, altruismo/egoísmo, emoción/razón y el largo etcétera que ha fraguado nuestros yoes.

Así pues, el análisis crítico de las relaciones sexo/género se corresponde con lo que en el siglo XX se define como feminismo de la igualdad o feminismo político y que, a mi modo de ver, bien podría dar nombre a la tercera ola, ya que de ese feminismo ha dependido la ejecución y puesta en marcha de las políticas de igualdad en los sistemas democráticos y la implementación con peor o mejor fortuna de lo acordado en la Plataforma de Acción de Pekín. El feminismo político ha hecho uso del término *género* como categoría analítica para reafirmarse en la idea de igualdad. Sería absurdo suponer la existencia de un corpus unitario, ya que podemos distinguir distintas corrientes de acuerdo con lo que estiman pueda ser la causa originaria de la opresión de las mujeres, esto es, cómo y por qué la desigualdad estructural que pesa sobre las mujeres es dominante. Y ha habido variaciones en la explicación del proceso original: quienes sitúan las raíces de la desigualdad en la organización de la producción y la división sexual del trabajo frente a quienes las derivan de la organización del parentesco y control de la sexualidad; quienes afirman que la causa original de la desigualdad se debe a las prácticas de maternidad y crianza de los hijos frente a quienes sostienen que en las relaciones sexo/género el cuerpo de las mujeres es el único que ha sido históricamente sexualizado y cosificado; quienes suponen que la subordinación sexual de las mujeres se puede rastrear en los primeros códigos jurídicos frente a quienes piensan que se debe a la devaluación simbólica de las mujeres en relación con lo divino.

En definitiva, e independientemente de su causa-origen, el feminismo se ha servido de la categoría *género* como herramienta analítica para explicar cómo operan las estructuras patriarcales. Gracias al análisis de *cómo opera el género,* el feminismo ha sido capaz de identificar problemas y aclarar y promover conceptos para concluir que nuevas formas sociales, culturales e individuales, mediadas por el reconocimiento de igualdad entre los sexos, son posibles. La lucha por el reconocimiento dirige su mirada tanto hacia constructos simbólicos o culturales como a prácticas interpretativas, comunicativas o de apropiación sexual y reproductiva que han contribuido a la invisibilidad de las mujeres. El cambio político y social que propone el feminismo reside, en última instancia, en la toma de conciencia sobre cómo operan las «relaciones sexo/género». La consecuencia última habría de ser que la relación *sexo/género* ni ordene ni prescriba la percepción social ni la propia percepción individual. Parece, sin embargo, un futuro aún lejano.

Género como «fuerza causal»

En 1968, Robert Stoller, en su libro *Sex and Gender,* acuña la expresión «identidad nuclear de género», afirmando que se debe distinguir entre *sexo* y *género*. Para este autor, el género no guarda correspondencia con lo relativo al sexo (que englobaría las características genéticas, hormonales y fisiológicas). Muy al contrario, entendería por «género» la convicción íntima de una persona de pertenecer a un género determinado. Sería, pues, una característica de orden psicológico. En su descripción de lo que entiende por género, afirma también que esa «convicción íntima» se consolida a una edad muy temprana, a los 18 meses de vida. Dedujo además que la conducta, los sentimientos, el pensamiento, la fantasía no están determinados por la anatomía sexual, sino por los aspectos psicológicos y culturales. La propuesta de Stoller es, cuando menos, paradójica: por un lado, el género surge de una convicción íntima que nace de procesos psicológicos y culturales, pero al afirmar que la identidad de género se consolida en edad tan temprana, tal parece que esa «identidad» se considera casi innata: determinismo psicológico en estado puro. La propuesta de Stoller combina, a mi modo de ver, su formación y entrenamiento psicoanalítico durante ocho años con lo que poco tiempo después sería considerada disciplina en auge: la sociobiología.

Sociobiología y psicoanálisis, una peligrosa conjunción que, sin embargo, podríamos rastrear en propuestas tanto del feminismo de la diferencia como en los estudios y teorías de género que emergen en los años ochenta del pasado siglo. Estas propuestas, como intentaré mostrar, se desgajan de la corriente principal del feminismo político. Intentarán la despolitización del feminismo y para ello se servirán de la categoría género utilizada no como herramienta analítica, sino como fuerza causal que explica la diferencia y divergencia entre los sexos. De este ramal, que sería más adecuado denominar «teorías de género», brotará el pensamiento reactivo para las mujeres del «generismo queer». Para llegar al momento presente es imprescindible explicar por qué el término «género» entendido como «fuerza causal» es una seria amenaza para las mujeres, la consolidación de sus derechos y la lucha contra la desigualdad estructural u opresión que sufren.

A partir de los años ochenta del pasado siglo surge en Francia el llamado «feminismo de la diferencia». Autoras como Annie Leclerc, Hélène Cixous y, sobre todo, Luce Irigaray expresarían una rotunda crítica al feminismo que reclamaba la igualdad y equiparación de derechos entre los sexos. Se oponían a la supresión de la diferencia sexual y sostenían que neutralizar la relación sexo/género significaría «el fin de la especie». Así pues, el análisis crítico de las relaciones sexo/género es sustituido por el énfasis en la diferencia sexual en relación con la subjetividad. Luce Irigaray, la más representativa e influyente, entendería el género y la diferencia sexual como fuerza causal que explica «la producción y reproducción de la especie»: «La especie está dividida en *dos géneros* que aseguran su producción y reproducción. Querer suprimir la diferencia sexual implica el genocidio más radical de cuantas formas de destrucción ha conocido la Historia»[83].

Irigaray parte de la idea de que los derechos y deberes de cada sexo han de ser considerados diferentes, por lo que el intento del feminismo de la igualdad o político de suprimir la diferencia sexual es descrito como «genocidio»; sostiene, sin el menor atisbo de empatía por la lucha feminista, que las feministas podrían estar trabajando «por la destrucción de las mujeres». Aboga por una «identidad sexuada» con el fin de «liberar nuestras potencias subjetivas» para alcanzar, gracias al lenguaje, una «cultura sexuada» que se encuentra reprimida por unos valores pretendidamente universales. Para poner fin al devenir patriarcal de la cultura, afirma Irigaray, es necesario vindicar una «cultura sexuada» y una «identidad subjetiva sexuada», y corresponde a las mujeres la tarea más gravosa, ya que la cultura patriarcal ha subestimado el valor de lo femenino. Las mujeres, sostiene, han de pasar por un itinerario doloroso, desprenderse de los reclamos de igualdad, para llegar a la «auténtica conversión al género femenino». Por último, la caracterización sociobiológica del «género» se hace evidente cuando Irigaray define el *género en tanto que sexuado*. Así pues, Irigaray considera el género un atributo natural del «yo» y potencia subjetiva «liberadora». De ahí que sea misión genocida la llevada a cabo por el feminismo político al pretender neutralizar el género. Irigaray no tiene el más míni-

---

[83] Luce Irigaray, *Yo, tú, nosotras,* Madrid, Cátedra, 1992, pág. 10.

mo interés en analizar críticamente el género como consecuencia y síntoma de la cultura patriarcal. Al asumir el género como «fuerza causal», Irigaray contribuye a debilitar el feminismo y disolver, en palabras de Luisa Posada, el feminismo como dispositivo crítico de la razón patriarcal.

Afirmar el género como «fuerza causal» supone entenderlo como identidad nuclear que precede a la diferencia entre los sexos. A partir de esta tesis, hay quienes entienden el género como «fuerza causal» que permite conceptualizar la semiótica del cuerpo, el sexo y la sexualidad; quienes describen el género como efecto del lenguaje o como un modo de percepción; quienes emplean el género para iluminar la estructura de la psique o explicar la identidad; quienes describen el género como atributo de los individuos o estructura de la conciencia: cualquier variación imaginativa, lúdica y constructivista es posible. Su principal consecuencia será la de desestabilizar el feminismo.

Las diversas teorizaciones del género como «fuerza causal» se apoyan tanto en supuestos psicoanalíticos como posmodernos o en ambos. A veces, es cierto, para tomar cierta distancia crítica, pero aceptando de base que tanto el psicoanálisis como el posmodernismo son herramientas útiles para teorizar sobre el género. Debemos, pues, detectar sus rasgos:

a) *Psicoanálisis:* el género como «fuerza causal» se centra en los problemas de la subjetividad, la identidad y el cuerpo. De acuerdo con ello, el psicoanálisis se convirtió en la herramienta de uso más adecuada para dar cuenta del «yo». Las teóricas del género como «fuerza causal» se centraron en las propuestas psicoanalíticas que daban primacía al papel del lenguaje en la constitución de la subjetividad y que concebían el «yo» como una ficción creada por el deseo.

Mi planteamiento crítico es que el psicoanálisis muestra sus carencias, al no conceder validez alguna a las condiciones externas de socialización, a las relaciones concretas y a las desigualdades manifiestas entre mujeres y varones. Para el feminismo político, el «yo» y sus experiencias se han de situar en relaciones sociales concretas y no solo en convenciones ficticias o puramente textuales: abstraer la subjetividad, la identidad y el cuerpo de las «relaciones de entorno» termina por concebir el «yo» como una construcción «desarraigada» de la realidad. El modelo psicoanalítico se desentiende de las prácticas sociales y justo el análisis de las prácticas sociales es central en la teoría feminista. Pero además la única conexión saludable que se podría establecer entre feminismo y psicoanálisis dependería de un análisis crítico del patriarcado como factor patógeno en el desarrollo de la subjetividad.

b) *Condición posmoderna:* el posmodernismo es el marco intelectual en el cual inscribir las teorizaciones del género como «fuerza causal». En el relato posmoderno, la Ilustración es el objeto de ataque. La crítica a la Ilustración es presentada retóricamente mediante anuncios de «muerte», siendo los más significativos la muerte del Sujeto, de la Historia y de la Metafísica. De cada anuncio de muerte se extraen conclusiones. En lo que afecta a la caracterización del ser humano, este es un ser puramente ficticio; es un artefacto social o lingüístico; no es posible referirse a los sujetos como autónomos, ni dotados de razón o conciencia constituyente, pues permanentemente estamos socavados por el deseo, el lenguaje o el inconsciente. En lo relativo a la historia, los posmodernos afirman que no hay punto de anclaje, ya que la realidad es inestable y está en flujo permanente; en el relato posmoderno, el azar prima sobre la idea de articular leyes necesarias: toda ley es una imposición de relato. Las posiciones posmodernas sobre la muerte de la metafísica se sustancian en la afirmación de que tanto «mente o razón» como «verdad» son efecto del discurso y cada discurso posibilita y limita a la vez; no hay posibilidad de afirmar la verdad o falsedad ni tampoco afirmar la universalidad de categorías o conceptos; así pues, los posmodernos se decantarán por la deconstrucción, la interpretación, la diseminación, la fragmentación y el juego para, mediante la retórica, impulsar el escepticismo. No corresponde al posmoderno, como Lyotard afirmará, aportar realidad, sino inventar ilusiones y proponer lo impresentable. Conformarse con ser testigos de lo impresentable.

En las teóricas del género como fuerza causal o explicativa es posible rastrear el posmodernismo subyacente: hubo quienes decretaron *la muerte del patriarcado,* quienes se refieren a «lo femenino» como lugar privilegiado para deconstruir la oposición masculino/femenino, quienes desafían la distinción sexo/género o quien, como Butler, se propone la proliferación paródica de los estereotipos genéricos con fines subversivos. Todas estas teorizaciones atribuyen al género una fuerza explicativa. En todas ellas se ha producido un giro sutil y peligroso: usar el «género» como fuerza explicativa y no como categoría analítica. Una trampa potencial para el feminismo que deriva en lo que he dado en definir como «generismo» o constructivismo extremo del concepto «género».

Generismo butleriano: histrionismo y repetición

Butler considera el «género» como fuerza causal o explicativa que, además, invierte la causalidad establecida en la relación sexo/género. Si el feminismo critica que el sexo biológico, como dato dado de la naturaleza, implique mandatos de género, Butler, por el contrario, afirmará que el «género designa el aparato mismo de producción mediante el cual los sexos son establecidos»[84]. Para Butler, el género es una construcción discursiva que tiende a «naturalizar» los cuerpos sexuados: «El género es el medio discursivo/cultural mediante el cual la "naturaleza sexuada" o "un sexo natural" se produce

---

[84] J. Butler, *El género en disputa,* México, Paidós, 2001, pág. 40.

y establece como "prediscursivo", previo a la cultura, una superficie políticamente neutral sobre la cual actúa la cultura»[85].

El trabajo de «naturalización» que lleva a cabo el «género» se logra, según Butler, a través de la repetición. El género funciona, pues, como una «ficción reguladora» que conduce a las personas a creer en la «naturalidad» del cuerpo. Así pues, la repetición ritualizada de normas de género produce la materialidad del sexo y los efectos del género. Son, según Butler, los distintos actos de género los que producen «el concepto de género, y sin esos actos no habría ningún género»[86]. El género es, pues, performativo y se construye a través de un conjunto sostenido de actos[87]. Butler insiste en que tanto la creencia en un «sexo natural» como la creencia en la «unidad del género» es el efecto de formaciones específicas de poder, de instituciones, prácticas y discursos que establecen y regulan su forma y significado a través de la «heterosexualidad obligatoria»[88]. Así pues, tanto el «sexo» como el «género» son ficciones reglamentadoras al servicio de la práctica heterosexual como obligatoria.

Considera Butler que «la repetición» de palabras, actos y gestos es el mecanismo de la reproducción cultural de nuestras identidades, y que la repetición debe seguir siendo ese mecanismo de identificación, por lo que se pregunta qué tipo de «repetición subversiva» podría cuestionar las ficciones reglamentadoras de «sexo» y «género» y el marco normativo de la heterosexualidad. Si la repetición es constitutiva de las personas para

---

[85] *Ibíd.*, pág. 40.

[86] *Ibíd.*, pág. 171.

[87] «El género resulta ser performativo, es decir, que conforma la identidad que se supone que es. En este sentido, el género siempre es un hacer, aunque no un hacer por parte de un sujeto que se pueda considerar preexistente a la acción» *(ibíd.,* pág. 58).

[88] «La "unidad" del género es la consecuencia de una práctica reguladora que intenta uniformizar la identidad de género mediante una heterosexualidad obligatoria» *(ibíd.,* pág. 65).

afirmar sus identidades y sería, además, utópico suponer que de la repetición se puede escapar, entonces Butler propone que la única alternativa es «provocar la proliferación paródica y la interacción subversiva de significados con género»[89].

La noción de parodia butleriana no presupone que haya un original a imitar, sino que la «parodia es de la noción misma de un original»[90]. Así, por ejemplo, el concepto de una identidad de género original «es objeto de parodia dentro de las prácticas culturales de las travestidas, el travestismo y la estilización sexual de las identidades butch/femme»[91]. Haciéndose eco de la estrategia posmoderna, afirma que la multiplicación paródica tenderá a conformar una «fluidez de identidades» que subviertan las normas de género que producen los fenómenos peculiares «de un "sexo natural" o una "mujer real" o cualquier cantidad de ficciones sociales frecuentes e impositivas»[92]. Butler, supuestamente, pretende impugnar tanto el marco heterosexual como el binarismo subyacente que se articula en los sustantivos «varón/mujer», como en las atribuciones «masculino/femenino». Y a su vez, la repetición paródica del género estará abierta a divisiones y a «exhibiciones hiperbólicas de "lo natural" que revelan su situación fundamentalmente fantasmática»[93].

---

[89] *Ibíd.*, pág. 99.
[90] *Ibíd.*, pág. 69.
[91] *Ibíd.*, pág. 168.
[92] *Ibíd.*, pág. 171.
[93] *Ibíd.*, pág. 177. Transcribo el párrafo en su totalidad: «La pérdida de las normas de género tendría el efecto de hacer proliferar diversas configuraciones de género, desestabilizar la identidad sustantiva y privar a las narraciones naturalizadoras de la heterosexualidad obligatoria de sus protagonistas centrales "hombre" y "mujer". La repetición paródica del género también presenta la ilusión de la identidad de género como una profundidad inmanejable y una sustancia interior. Como resultado de una performatividad sutil y políticamente impuesta, el género es un "acto", por así decirlo, que está abierto a divisiones, a la parodia y crítica

El problema de la propuesta butleriana reside en la suposición apriorística de que la proliferación paródica de los géneros y su repetición suponen una quiebra *per se* de los mandatos de género, un acto subversivo contra la heterosexualidad y un medio para erradicar el binarismo de sexo «varón/mujer» y el binarismo de género «masculino/femenino». A mi modo de ver, el objetivo butleriano de diseñar una «genealogía política de ontologías del género», partiendo de la tesis de que «los distintos actos de género producen el concepto de género», tiende a reforzar en clave histriónica tanto la definición de «mujer» como la atribución de «feminidad». Lo cierto es que cuando Butler afirma que las personas estamos obligadas a la repetición, la repetición misma se constituye en un marco regulativo, o sea, normativo, del que no podemos escapar porque hagamos del género una interpretación teatral y sobreactuada. La obligación de repetición es diametralmente opuesta a un planteamiento feminista, ya que la repetición solo contribuye a la pervivencia de los estereotipos sexuales. Y la supuesta «repetición subversiva» es solo estereotipación hiperbólica, preferentemente de la feminidad.

Butler sustituye el análisis crítico por la parodia. Una sustitución muy posmoderna y cómoda intelectualmente. Así, por ejemplo, en *Mecanismos psíquicos del poder* afirmará que no es posible analizar el «género», separándose abiertamente del feminismo político, que considera que la «relación sexo/género» debe ser analizada críticamente. El feminismo plantea un exhaustivo análisis crítico al intento de considerar la categoría «sexo» como categoría ontológica; tal cual fue la pretensión, por ejemplo, de la misoginia romántica decimonónica y de la sociobiología. Sin embargo, Butler, en su afán

---

de uno mismo o una misma y a las exhibiciones hiperbólicas de "lo natural" que, en su misma exageración, revelan su situación fundamentalmente fantasmática».

de mostrar que el «sexo» es culturalmente construido, acaba defendiendo una «ontología del género»: pretendiendo impugnar la normativa heterosexual, establece, sin embargo, una comparativa entre géneros (masculinidad/feminidad) que le lleva a concluir que el género susceptible de interpretación es en mayor medida el femenino que el masculino. Lo explica del modo siguiente: la feminidad es el «género espectacular». La feminidad es proyectada como el género espectacular, por lo que la interpretación *(performance)* del «varón» que interpreta la feminidad es más expresiva que la de la «mujer» que interpreta la masculinidad, ya que «esto último implica, de hecho, interpretar un poco menos»[94]. Butler está describiendo «la mujer» o la «feminidad» como el «género histriónico».

No encontraremos en Butler una crítica a esta proyección de la feminidad como el «género espectacular», y al no considerar esta figura de la feminidad críticamente, Butler cae en la más vulgar heterodesignación de lo femenino: se pueden percibir ecos de la tópica misógina de autores como Kierkegaard o Nietzsche, que describen a las mujeres en los márgenes o bien como desechos o bien como excesos. Así, por ejemplo, la afirmación butleriana de que «la feminidad es un ideal que siempre es solo imitado» pura y simplemente es una paráfrasis de la misoginia galante kierkegaardiana. Para el filósofo danés, la mujer es una construcción del varón; es un objeto de ficción. Ontológicamente, para Kierkegaard, los sexos son dispares y, como afirma en *In vino veritas,* la mujer es una broma[95]. En definitiva, para Kierkegaard, «la mujer es el sueño del varón»[96].

---

[94] J. Butler, *Mecanismos psíquicos del poder,* Madrid, Cátedra, 2001, página 161.

[95] «Esta disparidad es la que constituye cabalmente la broma, de suerte que muy bien podemos afirmar que con la mujer apareció la broma en el mundo» (S. Kierkegaard, *In vino veritas,* Madrid, Guadarrama, 1976, pág. 66).

[96] «Así podemos comprender el significado del acto de Dios con el cual cerró los ojos a Adán en un profundo sueño y de él creó a Eva, porque la

A su vez, Butler concibe que «el género es siempre un hacer», remedo, quizá, de la idea nietzscheana de que lo que las mujeres son se explica por lo que deben hacer. La conclusión nietzscheana es que las mujeres se dejan ficcionar y se ficcionan ellas mismas. En Nietzsche, la ficción de y sobre las mujeres es una necesidad, razón por la cual a los varones les conviene la distancia. En Butler, el «género espectacular» que las mujeres representan es una ficción, y por ello conviene la presentación hiperfeminizada con la que opera la *drag,* para poner de manifiesto, en palabras de Alicia Puleo, el carácter teatral de la «naturaleza femenina»[97].

En definitiva, si para Butler el cuerpo es un lugar cultural con significados de género y atribuye a las mujeres el «género espectacular», entonces está identificando a las mujeres con la esfera del cuerpo y en cierto modo reservando a los varones la identidad no corporal. Está considerando a los varones «libres de género» o determinados en menor medida por el género. Encubiertamente, Butler está abonando el determinismo biológico que pretendía repudiar y a su vez sosteniendo el esquema binario de naturaleza/cultura y cuerpo/mente. Por lo tanto, Butler no solo no logra eludir las trampas del determinismo biológico, sino que recurre al esquema de la complementariedad sexual de la heterosexualidad para convertir el género en una especie de ley general.

Al afirmar el carácter performativo del género, lo convierte en inexorable. Estamos condenados a la «repetición genérica» como patrón de identificación de nuestra individualidad. Butler privatiza el género convirtiéndolo en una cuestión del sujeto y restringiendo, por ello, la utilidad del concepto «gé-

---

mujer es el sueño del varón» (S. Kierkegaard, *Diario de un seductor,* Barcelona, Ediciones 29, 1989, pág. 127).

[97] Alicia H. Puleo, *Ecofeminismo para otro mundo posible,* Madrid, Cátedra, 2011, pág. 236.

nero» como análisis crítico de las estructuras sociales, políticas, económicas y culturales. De ahí que la confianza de Butler en la parodia como mecanismo de subversión suene tan hueca. De hecho, la versión butleriana del género perpetúa la invisibilidad de las mujeres reales y ha impreso un giro deconstructivo del feminismo manteniendo incólume el binarismo cultural del patriarcado. En definitiva, cuando nos referimos al género como apariencia, disfraz o interpretación, dejamos de percibir la desigualdad estructural u opresión que las mujeres sufren. Deconstruir el feminismo implica la aceptación del «generismo queer» o la conformidad con el histrionismo de género. Butler, lo quiera o no, se convierte en una de sus abanderadas.

Feminismo emocional y las trampas conceptuales

Si en la década de los ochenta del siglo pasado el neoliberalismo se hallaba en su fase inicial, en el momento actual el neoliberalismo, como sistema ideológico y político, se ha convertido en hegemónico, por lo que vivimos tiempos de reacción acelerada. Afirmo, pues, que el neoliberalismo es en sí mismo un movimiento reactivo al avance de las mujeres y que, al igual que en los años ochenta, cuenta con «colaboradores naturales» y con «colaboradores no naturales»: feministas arrepentidas o facciones desgajadas de la corriente política del feminismo más proclives a las tesis posmodernas y al relativismo cultural.

Del «neofeminismo» de los ochenta a los «feminismos» de hoy

Entre los mensajeros de la reacción de la década de los ochenta hemos de colocar a aquellas mujeres que, definiéndose a sí mismas como feministas, se consideraban, sin embargo, feministas de segunda generación o «neofeministas» más interesadas en revisar críticamente el feminismo que en atajar las causas de la desigualdad. Construyeron una «agenda idealizada» como si el patriarcado hubiera pasado a mejor vida: ensalzaron las virtudes de la maternidad *per se,* pareciéndoles, además, una «exigencia tiránica» pretender cambiar las actitudes de los varones; arrinconaron la idea de «igualdad» por antigua y ensalzaron los valores de la vida; recriminaron al feminismo sus tácticas políticas de confrontación directa y las sustituyeron por nuevas vías de cooperación voluntaria; criticaron medidas o leyes específicas para las mujeres por «refocilarse en el victimismo»; despreciaron la presión a las autoridades gubernamentales para mejorar los derechos de las mujeres y se mostraron más dispuestas a participar en movimientos cooperativos y vecinales; afirmaron que la igualdad de oportunidades había inducido a las mujeres a menospreciar las tareas asistenciales y promovieron una «cultura de las mujeres» basada en la «relación» y en la «identidad y esferas femeninas»[98]. Para desdoro de la historia política del feminismo, el «neofeminismo» contribuyó a consolidar la expresión «machismo feminista» y, sin «encomendarse ni a dios ni al diablo», declaró difunto al patriarcado. Lo cierto es que los postulados «neofeministas» revitalizaron la reacción en contra del avance de las mujeres.

Y como la historia se repite, el «neofeminismo» de ayer son los «feminismos» de hoy. ¿Quién no ha oído que la ley contra la violencia de género victimiza a las mujeres? ¿No se afirma acaso que la igualdad es una idea antigua y se sustituye por diversidad? ¿No hemos visto cómo se despolitiza el feminismo asociándolo a modos de vida? ¿No declaran algunas «feministas» que el cuerpo de las mujeres puede ser objeto de compraventa? Lo cierto es que bajo el paraguas «feminismos» se amparan posiciones que defienden un estricto indivi-

---

[98] Susan Faludi, *op. cit.,* págs. 384-406.

dualismo y el deseo como único criterio de afirmación: la defensa de la pornografía y la prostitución las distingue. Abandonan el sujeto mujer y reclaman para sí la defensa de la diversidad: ya no somos mujeres y ya no hay una teoría de referencia, el feminismo. Su ser feminista se mueve entre el individualismo consumista neoliberal y la marginalidad con pretensiones subversivas; abominan del poder, en el que incluyen también a las feministas que institucionalmente han logrado ostentarlo. Y de nuevo para desdoro de la historia del feminismo acuñaron, para ello, la expresión «feminismo institucional» con tintes peyorativos. Algunas de las propuestas etiquetadas bajo la palabra «feminismos» solo evidencian la complicidad con los procesos de dominación.

La supuesta «victimización» de las mujeres, una tesis neoliberal

Me resulta llamativo que algunas tesis feministas se sumen al argumento neoliberal de que leyes específicas victimizan al grupo de referencia sobre el que se legisla. Algunos planteamientos del feminismo sucumben a estas premisas neoliberales. Me refiero, en el caso español, por ejemplo, a las argumentaciones esgrimidas por destacadas profesionales, teóricas y activistas que, describiéndose a sí mismas como *las otras feministas,* denunciaron la aplicación de la «Ley integral de Medidas de Protección contra la Violencia de Género». Ya, de entrada, la denominación elegida «las otras feministas» revela el marco en el que van a situar la confrontación: la crítica al feminismo político. No dudaron en recurrir a la tesis neoliberal de que la Ley contra la Violencia victimizaba a las mujeres, impidiéndoles «cimentar su autonomía»:

> En los dos años del Gobierno Zapatero, la actividad legislativa en asuntos que conciernen específicamente a las mujeres ha sido intensa [...]. Aplaudimos el interés del Go-

bierno por abordar estos problemas, pero no podemos dejar de mencionar la preocupación que nos suscita el desarrollo de una excesiva tutela de las leyes sobre la vida de las mujeres, que puede redundar en una actitud proteccionista que nos vuelva a considerar incapaces de ejercer nuestra autonomía[99].

Para las firmantes del escrito «Un feminismo que también existe», abordar legalmente la violencia contra las mujeres implicaba crearles a las mujeres «nuevas dependencias». Rebatir argumentos simples o «posiciones ideales, que no reales, de los sujetos» es relativamente fácil: ¿de qué autonomía o independencia dispone una mujer que sufre violencia? ¿También se victimiza a los homosexuales al promulgarse la ley de matrimonio igualitario? Por mucho que las firmantes puedan estar haciéndose eco de aportaciones teóricas de autoras como J. Butler que nos anima a resignificar la vulnerabilidad no como indefensión femenina, lo cierto es que la violencia contra las mujeres no puede ser un condicionante de nuestro estar en el mundo. No es, por lo tanto, la simpleza con la que se describe la violencia que sufren las mujeres, ni siquiera la crítica implícita al feminismo político, lo realmente preocupante en lo expresado por «las otras feministas».

Lo verdaderamente alarmante es la posición ideológica que subyace en esos planteamientos: el rechazo a la capacidad del Estado para intervenir en situaciones de opresión o discriminación. ¿Por qué prevenir, advertir, informar, recabar datos, consejo y seguimiento, persecución policial, reparación del daño y cuidados ulteriores victimiza a las mujeres que sufren violencia? Si no podemos utilizar los recursos del Estado para promulgar leyes en contra de la violencia, indirectamente estamos haciendo responsables a las mujeres de lo que les sucede. Por lo tanto, estos planteamientos, tan de un «otro

---

[99] http://elpais.com/diario/2006/03/18/opinion/1142636413_850215.html.

feminismo» que está fuera del mundo en donde las cosas suceden, solo ayudan a los movimientos reactivos en contra de la igualdad de las mujeres. Frente al reduccionismo subjetivo, el feminismo político sostiene que la violencia contra las mujeres muestra el fracaso de una forma de entender la organización social, evidencia las insuficiencias para que las mujeres se incorporen plenamente a la ciudadanía y da cuenta de la existencia de una subordinación, por lo que es responsabilidad del Estado erradicarla. El derecho a una vida libre de violencia implica una exigencia y crea un deber frente a las mujeres que padecen violencia: apela, por un lado, a la solidaridad cívica para combatir la violencia y, por otro, al deber de asistencia por parte del Estado a través de sus instituciones.

Las trampas conceptuales de la reacción neoliberal:
«relativismo», «elección», «diversidad» e «identidad»

Una de las innovaciones políticas que más cambios ha provocado tanto en valores como en el modo de relacionarnos socialmente y en la articulación política ha sido la apuesta por la efectiva igualdad de mujeres y varones. Las armas de la reacción neoliberal, por el contrario, han sido y son el «principio de mérito» y el «principio de elección». El «principio de mérito» sirve de coartada para eludir medidas de acción positiva en la política, en la economía, en la cultura, en el saber, en las costumbres; gracias al «mérito» se producen sesgos favorables a la representatividad de los varones. A su vez, mediante «el principio de elección» se justifica la desigualdad, ya que todo queda librado al estricto ámbito de la libertad individual o decisión personal. Cotidianamente, el «mérito» y la «elección» se conjugan para justificar la infrarrepresentación de las mujeres tanto en la política como en la economía, para sostener estereotipos, para intensificar la imagen degradante de las mujeres en el ámbito de la creatividad, para invisibilizar el acceso de las mujeres a los espacios de opinión o el saber o para afirmar la explotación del cuerpo de las mujeres, entre muchas otras cosas. El «mérito» y la «elección» se manipulan hasta la náusea y sirven tanto a posiciones «retrógradas» como a planteamientos «engañosamente progresistas». El «principio de mérito» se ha constituido en la excusa perfecta del conservadurismo político para desechar las políticas de igualdad; por el contrario, y más lamentable si cabe, el manido recurso a la capacidad de «elección personal» hace furor en los planteamientos de la izquierda política, causando verdaderos estragos, por ejemplo, en el seno del feminismo para consensuar una agenda de mínimos. El «mérito» y la «elección» son conceptos trampa alentados desde el neoliberalismo con el objetivo de fragmentar la emergencia de un sujeto político reivindicativo, pero a ellos hemos de sumar también conceptos políticos afines como «el relativismo», «la diversidad» y «la identidad».

La estigmatización de lo público y el elogio de la servidumbre

Afirmaba Margaret Thatcher que «la sociedad no existe, solo hay individuos y familia». La contundente frase es un compendio de la ideología neoliberal: como sistema político, la defensa de la familia y el individuo convierte en innecesario al Estado procediendo a la desintegración del sector público; como sistema de vida, la negación de la sociedad comporta la creciente dificultad para comprender qué tenemos en común las personas. Un claro antagonismo a los postulados neoliberales vendrá de la mano del feminismo, ya que para la teoría feminista es esencial analizar, criticar y alterar el papel que las mujeres desempeñan en la sociedad. El feminismo hizo emerger un nuevo actor social y político, las mujeres. Partiendo de la desigualdad estructural, que sufren individual y colectivamente todas las mujeres en cualquier tipo de sociedad, el feminismo ha consistido en la formación de acciones colectivas para alcanzar mayores cotas de igualdad. Ahora bien, la igualdad como objetivo político, normativo y cultural no puede alcanzarse si no se admite la necesidad de combinar un punto de vista económico basado en el bienestar junto a la defensa del Estado y la defensa a ultranza de políticas públicas. El respeto a lo público es la única garantía para promover la participación cívica también de las mujeres.

La teoría feminista pone en cuestión los planteamientos neoliberales y se declara en contra del relativismo, sea político o cultural, porque alienta la asimetría en el acceso a los recursos y promueve una concepción negativa de la libertad, o el deseo declarado de vivir experiencias personales más que de participar en tareas colectivas. En el contexto neoliberal asimétrico y de defensa de la libertad negativa, las mujeres pierden. Sin embargo, en el seno del feminismo nos encontramos con voces dispuestas a hacer valer la conciencia interiorizada de la libertad, como deseo vital, más que a defender la conciencia cultural y política de la libertad para todas las mujeres. El género declarativo de la libertad negativa admite muchas modulaciones: de las mujeres que afirman no haberse sentido nunca discriminadas, pasando por las que no aceptan restricción al cumplimiento de cualquier deseo para acabar en las que observan que no se puede establecer límite alguno a la búsqueda de sí mismas por muy marginal, excéntrico o desigual que sea el objeto de sus preferencias circunstanciales. La conciencia interiorizada de la libertad o libertad negativa no deja de ser una libertad precaria que además promueve la desaparición de cualquier obligación mutua: la libertad precaria es deficiente porque «se detiene en el umbral mismo de la autodeterminación individual»[100] y además participa de

---

[100] A. Honneth, *El derecho de la libertad. Esbozo de una eticidad democrática,* Madrid, Katz, 2014, pág. 45.

una concepción negativa de la justicia en la que toda pretensión legal en términos de justicia social es percibida como un ataque o bloqueo a la propia subjetividad.

El neoliberalismo eleva a categoría de acción política la defensa de la libertad individual en su sentido negativo y por medio de ella sienta las bases de la denuncia al Estado por opresor o paternalista: no corresponde al Estado articular mecanismos de protección o de prevención ante riesgos futuros, ya que el intervencionismo del Estado termina por convertir en víctimas a los grupos o colectivos sobre los que opera e impone a los demás un deber de solidaridad que no debería ser moralmente obligatoria. En definitiva, para el neoliberalismo un Estado protector no ayuda a la autoafirmación del individuo. En síntesis, el neoliberalismo considera la igualdad una ficción jurídica. Si ridiculizamos la igualdad, estigmatizamos el deber de solidaridad y somos contrarios a la intervención del Estado, nos adentramos en la lógica de la servidumbre.

Opresión y discriminación

El feminismo como teoría política denuncia la injusticia social en la que las mujeres viven. La injusticia social se produce cuando se mantienen condiciones de exclusión o se menoscaban las oportunidades de participar en pie de igualdad en el proceso de cooperación social. Dos son los modos en los que la injusticia social se expresa: la discriminación y la opresión, dando lugar a dos tipos diferenciados por los que se produce la exclusión de un grupo social, colectivo y minoría étnica o cultural. La discriminación significa diferenciar, distinguir y separar una cosa de otra y es el resultado de un prejuicio. Se vive una situación de discriminación cuando una persona o grupo de personas son tratadas de forma desfavorable por presentar unas características específicas —orientación sexual, religión, nacionalidad de origen, edad, discapacidad, entre otras— y por ellas son tratadas de forma diferente. Se suele presentar en contextos culturales y políticos específicos.

La opresión, por el contrario, presenta unos rasgos universales que, partiendo de una relación desigual en el acceso a los bienes, consiste en imponer al grupo social oprimido el cumplimiento de unas pautas y normas sociales que determinan y son la base de la organización social. La imposición no se limita a una esfera de relación social entre las personas, sino que las abarca todas: el cargo político o religioso, la tierra y el capital, el dinero y la mercancía, el conocimiento y el aprendizaje, el talento y las capacidades, el poder militar, el carisma y el carácter, la pertenencia, la sexualidad y la afectividad, el reconocimiento y la cultura, el bienestar y la salud... por citar algunas de esas esferas. La opresión restringe de modo completo la libertad de quienes la sufren, pero socialmente no se percibe como desigualdad, sino como un estar natural en el mundo ocupando el lugar jerárquico que corresponde. Las tres fuentes evidentes de opresión han sido las derivadas del «sexo», la «raza» o la «clase social».

La opresión, además, conlleva el sostenimiento de relaciones de poder asimétricas entre opresores y oprimidos. Como señalara I. M. Young, los rasgos de la opresión soportados por las mujeres se pueden resumir en cinco que, independientemente de contextos nacionales, raciales, generacionales, culturales y religiosos, aquellas sufren por el hecho de ser mujeres: la «explotación», que se produce cuando se transfiere a los varones el fruto del trabajo material de las mujeres, de las energías sexuales, los cuidados y la crianza; debido a la «marginación», las mujeres son expulsadas de la participación útil en la sociedad, privadas del acceso a bienes materiales e impelidas a sostener una identidad normativa; la «carencia de poder» determina que las mujeres se sienten obligadas por el deber a obedecer las peticiones o exigencias de los participantes masculinos en la interacción y al no disponer de autoridad sobre sí mismas y sobre otros apenas cuentan sus propios intereses o preocupaciones; «imperialismo cultural» significa que los rasgos dominantes en la sociedad convierten en invisibles la perspectiva y las aportaciones culturales de las mujeres al tiempo que nos estereotipan como grupo; el análisis de la «violencia» nos remite al hecho de que por ser mujer se está expuesta a sufrir un ataque físico, psicológico o sexual, pudiendo convertirse en violencia sistemática y en algunas culturas tolerada como práctica social[101].

El feminismo como teoría política transformadora de la realidad pretende alterar las condiciones de opresión o subordinación en las que viven las mujeres, estabilizando, para ello, la designación «mujeres» como categoría de análisis político. Referirnos a «las mujeres» como actor social y político ha permitido identificar comportamientos por los cuales las mujeres mantienen una relación de poder asimétrica respecto a los varones. Las relaciones asimétricas de poder se adaptan a los contextos culturales, raciales, nacionales, religiosos, generacionales, pero, más allá de la especificidad con la que puedan expresarse, todos ellos revelan una jerarquía social por la cual las mujeres se encuentran en posición subordinada o de dependencia respecto a los varones. Del hecho de que las mujeres de un país, una cultura, una religión, una adscripción étnica o racial se hallen en una fase vindicativa de la agenda feminista distinta a otras mujeres cuyos contextos sean otros, no se sigue que no podamos señalar la opresión, la asimétrica relación de poder o la subordinación jerárquica de las mujeres como aquello que

---

[101] I. M. Young, *La justicia y la política de la diferencia,* Madrid, Cátedra, 2000, págs. 89-107. Para un análisis más detallado de los rasgos de la opresión, véase A. Miyares, *Democracia feminista,* Madrid, Cátedra, 2003.

las une. Políticamente resulta relevante entender que «las mujeres» comparten un vínculo como resultado de su opresión, ya que es el medio de otorgar carácter colectivo a las demandas en contraste con los modos individuales de abordar los problemas.

Sin embargo, algunas de las tendencias de los «feminismos» hoy en boga cuestionan que se pueda hablar de la opresión de las mujeres, más allá de un contexto específico, básicamente porque lo que se pone en duda es que se pueda hablar de una categoría «las mujeres». Por ejemplo, J. Butler en su libro *El género en disputa* afirmará:

> La creencia política de que debe haber una base universal para el feminismo, y de que puede fundarse en una identidad que aparentemente existe en todas las culturas, a menudo va unida a la idea de que la opresión de las mujeres posee alguna forma específica reconocible dentro de la estructura universal hegemónica del patriarcado o de la dominación masculina[102].

Negar la idea de un patriarcado universal implica un rechazo profundo al feminismo fundado sobre la categoría «mujeres» como sujeto político estable, ya que, en opinión de la autora, el feminismo así entendido es una suerte de imperialismo epistemológico «porque intenta colonizar y apropiarse de las culturas no occidentales para respaldar ideas de dominación muy occidentales»[103].

Para Butler, «mujeres» es una categoría normativa y excluyente que no tiene en cuenta el carácter contextual de la identidad. Partiendo de una transposición de lo político a lo lingüístico, critica al feminismo por «etnocéntrico» y propone abrazar un autocomplaciente «endocentrismo» en

---

[102] J. Butler, *El género en disputa. op. cit.*, pág. 49.
[103] *Ibíd.*, pág. 50.

el que el sujeto no es un individuo sino una estructura lingüística en formación. No cabe, pues, en opinión de Butler, elaborar una política, dada la imposibilidad de remitirnos a un sujeto global del feminismo. Butler no cree posible una articulación política basada en la obligación mutua porque «insistir anticipadamente en la "unidad" de coalición como objetivo implica que la solidaridad, a cualquier precio, es una condición previa para la acción política»[104]. Propone, por el contrario, aceptar la divergencia, la ruptura, la fragmentación y la división como «parte del proceso, por lo general tortuoso, de la democracia»[105], acercándose así a posiciones afines al neoliberalismo como sistema político y de vida. Para visibilizar la fragmentación y la divergencia es necesario recurrir a las categorías de «diversidad» o «identidad», pero dependiendo del uso que de ellas hagamos pueden ser categorías liberadoras o cómplices en el sostenimiento de la desigualdad social.

La cara de la «diversidad» y la cruz de la «identidad»

Negar la opresión significa que dejamos de abordar la «problemática universal» de los procesos de dominación para describir solo las «problemáticas situaciones» a las que se enfrentan A, B o C en contextos culturales específicos y por las cuales sufren algún tipo de discriminación. Las nociones de «diversidad» o «identidad» nos permiten tanto visibilizar estas situaciones problemáticas como articular «reivindicaciones puntuales». No se niega, así, el carácter liberador que en su aplicación política contengan los conceptos de «diversidad» o «identidad» para determinados

---

[104] *Ibíd.*, pág. 68.
[105] *Ibíd.*

colectivos o minorías étnicas y culturales, pero sí conviene alertar de su uso abusivo y de los riesgos derivados en su aplicación política. Es obligado volver a recordar que las mujeres no somos ni un colectivo ni una minoría social, por lo que aplicar a las mujeres, como grupo social, las categorías de «diversidad» o «identidad» no solo no hará aflorar las problemáticas específicas de las mujeres, sino que constituirá una verdadera amenaza a sus derechos.

Por otra parte, planteemos la cuestión de la «diversidad» o «identidad» desde la perspectiva normativa. Cabe hacerse la siguiente pregunta: ¿por qué cuando operamos con las nociones de «diversidad» o «identidad» no parecen transferibles con la misma intensidad los valores de «dignidad» o «integridad»? Bien podría suceder que las nociones de «diversidad» e «identidad», usadas abusivamente, confieran más significado a aquello que nos diferencia de otros que a aquello que tenemos en común. En la defensa de la diversidad y la identidad, parece tener mayor relevancia la adscripción cultural, religiosa, política, racial, sexual y experiencia vital que el reconocimiento de los derechos que tenemos como personas, dada nuestra condición común de humanos, independientemente de nuestra especificidad cultural, étnica, sexual o subjetiva. Se ha convertido en creencia arraigada suponer que lo particular y lo universal se oponen frontalmente y que en la dinámica social operan siempre de modo conflictivo. Un modo de romper este círculo vicioso quizá dependa de orientar el reconocimiento de la «diversidad» y la «identidad» hacia el «compromiso social».

Políticamente, la reivindicación de la «diversidad» y la «identidad» puede convertir las demandas particulares y específicas de un colectivo social o minoría cultural, sexual y étnica en excluyentes, limitando las expectativas de cambio o de lucha contra la discriminación solo al propio grupo. Se convierten en «identidades de entorno» cohesionadas por la propia «reivindicación» de abolir una discriminación puntual, pero se muestran suspicaces o inequívocamente en contra de tener que asumir la idea de derechos universales como marco regulativo. Así pues, el reconocimiento de la diversidad o la identidad no debería significar en ningún caso verse condicionado y limitado por una red de relaciones. Si la diversidad la entendemos como defensa de un modo de vida concreto que hay que preservar y la identidad como un rendir cuentas solo ante el grupo social de adscripción, será casi imposible articular un espacio político compartido. Para conjurar la amenaza de sociedades despolitizadas, deberíamos incidir en la necesidad de reivindicar la diversidad e identidad en sentido afirmativo como conceptos incluyentes que sirvan para definir la justicia social.

La parte por el todo

Parece que vivimos en tiempos de denuncia de la discriminación, pero no en tiempos de alterar las condiciones de opresión. Políticamente no es lo mismo luchar contra la discriminación que erradicar la opresión. En el primer caso se lucha contra una situación de hecho injusta resultado de un prejuicio; la opresión o subordinación, por el contrario, se produce cuando una sociedad se organiza jerárquicamente amparando la situación privilegiada de un grupo social e impidiendo que otro grupo humano sea capaz de desarrollar sus propias condiciones de existencia. Por ello resulta del todo insuficiente aplicar las categorías de «diversidad» e «identidad» sobre un grupo humano oprimido. Si tomamos como referente de grupo humano subordinado a las mujeres y en la descripción de su situación recurrimos a las categorías de «diversidad» e «identidad», se pueden producir los siguientes efectos indeseados:

a) Fragmentación. Algunos planteamientos feministas parten de la suposición de que la categoría «mujeres» es una ficción reglamentada, por lo que parecería más oportuno resaltar las diferencias entre las propias mujeres. Como se afirma en uno de los manifiestos transfeministas: «El sujeto político del feminismo "mujeres" se nos ha quedado pequeño, es excluyente por sí mismo, se deja fuera a las bolleras, a lxs trans, a las putas, a las del velo, a las que ganan poco y no van a la uni, a las que gritan, a las sin papeles, a la marikas...»[106]. Estos planteamientos operan con el simplismo de suponer que todo lo que se presenta como diferente puede ser reducido a identidad. Y así es como el carácter precario de tales identidades convierte en equivalentes reivindicaciones opuestas y proclama sin rubor alguno que la igualdad es una ficción jurídica. Este tipo de posicionamientos tienden a estigmatizar el sentido de lo público y de la cohesión social. La fragmentación posibilita la emergencia de identidades agresivamente cerradas cuyas relaciones se restringen a «aquellos con quienes se tiene una experiencia común para hallar significados comunes»[107]. Emancipación y anomia caminan juntos para simplificar el espacio político, abandonar toda pretensión de igualdad y enterrar las acciones colectivas.

b) Enmascaramiento. La fragmentación y la disolución de la categoría «mujeres» contribuyen a que descienda el nivel de percepción de la opresión sufrida por ellas.

---

[106] Red PutaBolloNegraTransFeminista. Disponible en: http://tnt-trans-tornados.blogspot.com.es/2010/01/manifiesto-transfeminista.html. Para un análisis más pormenorizado, véase Rosa María Rodríguez Magda (ed.), *Sin género de duda,* Madrid, Biblioteca Nueva, 2015, pág. 36.

[107] Daniel Bell, *Las contradicciones culturales del capitalismo,* Madrid, Alianza Editorial, 1977, pág. 95.

El valor positivo concedido a la heterogeneidad tiende a enmascarar el sexismo, la explotación sexual o reproductiva y las relaciones asimétricas de poder que las mujeres padecen en cualquier contexto específico. Del hecho de visibilizar la diversidad no se sigue la anulación de la jerarquía social o sexual, ni la supresión de una normatividad impuesta. Solo se trasladan a esferas más difusas que dificultan su reconocimiento. A su vez, si el reconocimiento de la «diversidad» y la defensa de la «identidad» se proyectan solo sobre las necesidades o deseos de los individuos o colectivos, mediante un proceso de equivalencias, puede suceder que se confundan deseos y derechos y que por ello los derechos se consideren tan opcionales como los deseos.

c) Despolitización. Paradójicamente, la defensa a ultranza de la diversidad, al negar la posibilidad de un sujeto global, impide la articulación o confluencia política de los distintos grupos humanos socialmente constituidos. A su vez, la afirmación de la identidad analizada políticamente como «identidades de entorno» puede acabar conformando identidades agresivamente cerradas que renuncian al diálogo, al consenso y al pacto como espacio social intermedio. Se procede, con ello, al «borrado procedimental» de la categoría política «mujeres», por lo que las situaciones objetivas de la posición social que estas ocupan «quedan dispersas en un totum revolutum»[108]. Frente a estos planteamientos, el feminismo político no pretende mediante la categoría «mujeres» describir una situación de hecho o característica antropológica, ni tampoco la utiliza para

---

[108] Rosa María Rodríguez Magda, «Desafíos teóricos del feminismo hoy», en *Sin género de dudas, op. cit.*, pág. 38.

señalar una «identidad colectiva» que designa a un grupo humano. El significado dado en el feminismo a la categoría «mujeres» es el resultado de las intersecciones biológicas, culturales, sociales, raciales y políticas por las cuales se las ha privado del acceso a los bienes y la capacidad para determinar sus propias vidas. Constituidas, las mujeres, como sujeto político, reclaman para sí el derecho a la autonomía, la libertad y la liberación de toda adscripción que les impida llevar a término sus propias condiciones de existencia.

El error de bulto de planteamientos favorables a la defensa cerrada de la «diversidad» e «identidad», que pueden ser designados como feministas en la intención pero que en su aplicación práctica solo permiten «posicionamientos queer», a veces antifeministas, proviene de analizar la discriminación sexual en un sentido muy restrictivo, solo como reivindicación de la diversidad sexual y como reafirmación de todo tipo de identidades sexuales. Ahora bien, en la proliferación de las opciones e identidades sexuales, el rol crucial que desempeñan las pasiones y el deseo contribuye a que el análisis de la discriminación sexual se desplace del lenguaje político de los derechos hacia «un modo de vida» a vindicar.

«Heteropatriarcado» y «homopatriarcado»

La objeción mayor que cabe hacer al reconocimiento de la diversidad e identidad sexual, concebidas solo como defensa de la pluralidad de estilos de vida, es que no comporta necesariamente la abolición de la jerarquía y normativa sexual. Puedo y debo combatir la normatividad heterosexual y situar en la misma posición de equivalencia, por ejemplo, la homosexualidad o la transexualidad. Pero del hecho de poner en cuestión la masculinidad heterosexual y afirmar la diversidad sexual no se sigue que quede abolida la jerarquía sexual: bien pudiera suceder que se establezca en su lugar una «diversidad jerárquica» en la cual las masculinidades homosexuales o transexuales se encuentren en la parte más baja de una jerarquía de género entre los varones, pero todas ellas en una gradación jerárquica superior a la heterosexualidad, la homosexualidad y la transexualidad femeninas. De hecho, hay suficientes evidencias de tal «diversidad jerárquica sexual» que, abundando en postulados queer, no pueden ser asumidas desde la perspectiva feminista porque contribuyen a estabilizar el dominio de la sexualidad masculina sobre la femenina: prostitución, pornografía y explotación de las capacidades reproductivas de las mujeres, por citar las más relevantes.

Por otra parte, el reconocimiento de la diversidad sexual no evita la desigualdad que las mujeres sufren en otros ámbitos por el hecho de ser mujeres: por ejemplo, el habitual mayor desempleo femenino, la mayor temporalidad y parcialidad, las diferencias salariales respecto a los varones, la segregación, las menores posibilidades de promocionarse o el acoso sexual no se producen porque una mujer sea heterosexual, lesbiana, bisexual..., sino que se producen por ser mujer en un contexto social de subordinación, que toma la forma de discriminación en el ámbito laboral. De igual modo, si el contexto de subordinación en el que las mujeres configuran sus identidades no ha sido totalmente abolido, no se puede en absoluto descartar que la construcción de la identidad sea inducida por preferencias desinformadas, maliciosas o adaptativas. Las mujeres suelen ajustar sus preferencias tanto a lo que piensan que pueden conseguir como a lo que culturalmente se espera de ellas. Como afirma M. Nussbaum, las «preferencias adaptativas» suelen determinar las aspiraciones de las mujeres por las cuales aprenden «a no querer cosas que la convención y la realidad política ponen fuera de su alcance»[109]. De este modo, la construcción de identidades basadas en necesidades, deseos o preferencias puede reforzar un *statu quo* injusto y frenar la posibilidad de cambio real.

Transfeminismo, una propuesta queer

Según la definición dada en *Barbarismos queer*, el transfeminismo es «una corriente del feminismo que amplía los sujetos del mismo a otras personas, que también están oprimidas por el patriarcado, pero que no necesariamente han de identificarse como mujeres»[110]. La definición en sí misma es ambigua. Sin embargo, la expresión clave es «identificarse como mujeres». En ese «identificarse» subyace el significado otorgado por el transfeminismo a la categoría «género», que, a diferencia del feminismo político, asocia «género» a «identidad». Quienes defienden los postulados transfeministas afirman no pretender la superación del feminismo, sino incorporar los activismos antirracistas, las teorías poscoloniales y las resistencias transmigrantes en lo que han denominado también «feminismo interseccional». Desde el transfeminismo se concibe la interseccionalidad como herramienta analítica que ayuda «a entender la manera en que conjuntos diferentes de identidades influyen sobre el acceso que se pueda tener a derechos y oportunidades»[111]. Así pues, el enfoque de la interseccionalidad permite reconocer la complejidad de los procesos que generan desigualdad social, siendo esta producto de

---

[109] M. Nussbaum, *Las fronteras de la justicia,* Barcelona, Paidós, 2007, pág. 282.
[110] R. Lucas Platero, M. Rosón y E. Ortega (eds.), *Barbarismos queer y otras esdrújulas,* Barcelona, Bellaterra, 2017, pág. 416.
[111] VV.AA., *Transfeminismos. Epistemes, fricciones y flujos,* Tafalla, Txalaparta, 2013, pág. 113.

la interacción del género, la raza, la etnia, la religión, el origen nacional, la discapacidad y la situación socioeconómica. De esta intersección también surge la identidad o posicionamiento individual, como una categoría fija y estable.

Sin embargo, el enfoque de la interseccionalidad es controvertido. La mirada transfeminista es miope a la hora de atribuir responsabilidades: la desigualdad producto de la interacción sexo, raza y clase social difícilmente puede ser atribuida al feminismo político, aunque entiendo que resulte más cómodo que atribuirla al modelo político-económico y normativo tanto de las sociedades patriarcales del consentimiento como de las sociedades patriarcales coercitivas, utilizando la distinción de A. Puleo. Según la posición transfeminista, el intento de transversalizar el género como categoría analítica conlleva caer en el esencialismo. No resulta muy comprensible por qué el análisis crítico de la categoría «género» nos conduce al esencialismo, pero, pese a la incongruencia argumentativa, el transfeminismo concluye que el feminismo político es hegemónico, pues relata solo la perspectiva blanca, de clase media y heterosexual. Por medio de esta falacia argumentativa, que incansablemente se repite, los planteamientos transfeministas proponen un feminismo no hegemónico que aborde nuevas cuestiones.

Lo cierto es que la crítica transfeminista al feminismo político se sirve de las tensiones raciales y poscoloniales para, por un lado, cuestionar la categoría «mujeres» como grupo social cohesionado en la vindicación de igualdad y, por otro, transmutar la categoría analítica de género en categoría identitaria. El transfeminismo apuesta por integrar en su agenda: la defensa de la construcción de la subjetividad y de la corporalidad; el reconocimiento legal de la identidad de género, así como la inclusión de un tercer género para las identidades trans; el rechazo a la patologización de las personas trans y el inicio de los procesos de hormonación temprana en la pubertad; el activismo por la regulación favorable de la prostitución y la lucha contra el estigma del trabajo sexual; la defensa de la pornografía y las acciones posporno, y la crítica al feminismo de Estado y a los procesos de institucionalización del movimiento LGTB. Afirmará, en definitiva, que la opresión de género no se identifica solo con las mujeres.

Así pues, el transfeminismo se encuadra dentro de los movimientos contraculturales que pretenden desestabilizar el cuerpo, la sexualidad, las relaciones, los valores y la moral. Impregnado de la lectura posmoderna de la realidad, su máximo interés es resignificar el feminismo de teoría y práctica política a una teoría de las identidades. Al hacer hincapié en la identidad, el transfeminismo contribuye a despolitizar las «relaciones sexo/género». Pero, además, al poner en el centro la conformación de la subjetividad mediante procesos complejos de identidad, cuestiona la posibilidad de una articulación política común y criticará abiertamente las políticas de representación y específicas para las mujeres. Por ello, oponen al «feminismo del techo de cristal» un «feminismo popular» que tenga más en cuenta la vida y las experiencias vitales que las cuestiones relativas a la agenda inconclusa de la paridad o la denuncia estructural del techo de cristal. A su vez, tienden a criticar las leyes específicas para las mujeres como las leyes de violencia por centrarse en el delito y el castigo provocando, según expresión acuñada por planteamientos transfeministas, un «feminismo carcelario» o respuesta policial y judicial a la violencia de género. El transfeminismo rechaza los enfoques carcelarios y femocráticos de la violencia de género, desafiando el modelo de integración. El recurso a utilizar expresiones como «feminismo del techo de cristal», «femocracia» o «feminismo carcelario» indica de por sí la distancia de agenda entre el feminismo político y los planteamientos transfeministas. En definitiva, la agenda de la representación público-política de las mujeres o la necesidad de plantear leyes específicas corresponde, según el credo transfeminista, al «feminismo institucional». La expresión «feminismo institucional» será usada para designar peyorativamente al feminismo político que lucha por hacer efectiva la agenda feminista en la práctica y las políticas públicas.

Por otra parte, el transfeminismo, al no intentar abatir la identidad «ser mujer» o «hacerse mujer», da entrada a otras posibles representaciones del «ser mujer» que según sus presupuestos desplazaría el sujeto «mujer» a «las trabajadoras sexuales», «transexuales», «queer», «transfronterizas», «anticarcelarias» y un largo etcétera producto de la inagotable imaginación subjetiva. La subjetividad y su capacidad simbólica son lo que el transfeminismo nos ofrece como propuesta:

> De ahí la importancia que adquiere la producción de imágenes, el juego de representaciones, la guerrilla de la comunicación, las interrelaciones entre arte y política, el ciberfeminismo como posibilidad de reinventar las identidades a través de las nuevas tecnologías, y todas las estrategias (campañas gráficas, vídeos, fotografías, relatos ficticios, performances, diseño de webs, blogs) relacionadas con el plano simbólico, anudadas en el deseo de construir representaciones propias de la realidad[112].

El transfeminismo busca integrar dentro del feminismo el discurso transgénero. Así pues, el transfeminismo se ubica en el marco de una propuesta queer, haciéndose eco de las tesis posmodernas: imposibilidad de articular un grupo social de referencia cohesionado en torno a una vindicación política; escepticismo ante la toma de decisiones consensuadas, y renuncia a la utilización de categorías políticas como «igualdad» o «ciudadanía», que son sustituidas por las de «diversidad» o «identidad». El individuo y la subjetividad se

---

[112] Silvia L. Gil, *Nuevos feminismos. Sentidos comunes en la dispersión*, Madrid, Traficantes de Sueños, 2011, pág. 37.

convierten en objeto privilegiado de toda posible referencia. La subjetividad, en definitiva, es elevada a categoría política fragmentando la acción política. La teoría queer/transfeminista y la incesante diversificación a la que dan lugar dividiendo a las mujeres en subgrupos —madres lesbianas, afroamericanas transexuales, mujeres con velo, mujeres hispanas, prostitutas, etc.— es solo son posibles y pensables, como afirma Zizek Slavoj, en el marco de la globalización capitalista:

> Este continuo florecer de grupos y subgrupos con sus identidades híbridas, fluidas, mutables, reivindicando cada uno su estilo de vida, su propia cultura, esta incesante diversificación, solo es posible y pensable en el marco de la globalización capitalista, y es precisamente así como la globalización capitalista incide sobre nuestro sentimiento de pertenencia étnica o comunitaria[113].

Si el reconocimiento de los diversos estilos de vida se halla desvinculado de la dimensión de universalidad que aparece con la verdadera politización, entonces el único vínculo que puede unir a los diversos grupos «es el vínculo del capital, siempre dispuesto a satisfacer las demandas específicas de cada grupo o subgrupo»[114]. El transfeminismo es un movimiento también representativo del generismo queer.

---

[113] Zizek Slavoj, *En defensa de la intolerancia,* Madrid, Sequitur, 2008, pág. 24.
[114] *Ibíd.,* pág. 24.

Generismo queer y distopía patriarcal

Generismo queer

La teoría queer se ha de entender como una derivación de la «teoría del género» o aquellos planteamientos teóricos que conciben el «género» como fuerza causal o explicativa. En los años ochenta del siglo pasado, los análisis feministas procedentes de Estados Unidos se repliegan al ámbito académico y el activismo feminista es frenado por una administración Reagan empeñada en obstaculizar el avance hacia la igualdad de las mujeres. El academicismo teórico estadounidense se impregna de las tesis posmodernas y psicoanalíticas, por lo que el feminismo se va diluyendo gradualmente en lo que se ha dado en llamar «teorías del género» (hoy reformuladas como «estudios queer»). Los objetivos del feminismo y las teorías del género comienzan a diferir sustancialmente a partir de los años noventa del pasado siglo, hasta el extremo de que las teóricas del género prefieren enfatizar y problematizar las diferencias entre las mujeres más que incidir en la materialidad de la desigualdad estructural que como mujeres se padece. Todo ello termina por afectar al concepto «género», que, como ya describí, comienza a identificarse con el cuerpo, las sexualidades y sus representaciones. Gracias al enfoque predominante en el lenguaje, la semiótica y la subjetividad, tanto las categorías «varón/mujer» como las atribuciones de masculinidad/feminidad» son sustancialmente revisadas. Del revisionismo deconstructivista aplicado al «sexo» y al «género», y por ende al feminismo, se seguirán una serie de postulados aceptados tanto por la teoría del género como los posteriores estudios queer. Los supuestos principalmente admitidos son los siguientes[115]:

   a) La secular dicotomía biológica entre varones y mujeres debe ser borrada en beneficio del género. Crítica, por lo tanto, al binarismo varón/mujer, pero también al binomio hetero/homo.
   b) El género produce subjetividades más allá de la hegemonía masculina heterosexual.
   c) El «sexo» no es un rasgo innato, sino una identidad en construcción.
   d) Se debe proceder a una definición plural del género para desbancar los estrechos márgenes críticos en los que el feminismo se ha instalado.

Todas estas caracterizaciones conforman lo que describo como «generismo». Ciertamente podría recurrir a las expresiones ya utilizadas de «transgenerismo» o «transactivismo», pero ninguna de las dos palabras me convence. Por un lado, la sobreutilización del prefijo «trans» para designar cualquier transformación o cambio como algo positivo impide percibir que «transgenerismo» o «transactivismo» estén siendo usados críticamente. Por otra parte, no parece la mejor estrategia de lucha plegarse a utilizar las expresiones del lenguaje de la teoría o práctica que se quiere combatir. La recurrencia constante a la neolengua termina por dar validez a la neolengua.

---

[115] Rafael M. Mérida Jiménez (ed.), *Sexualidades transgresoras. Una antología de estudios queer,* Barcelona, Icaria, 2002, pág. 15.

Por último, «generismo» me parece un vocablo igual de intuitivo que «sexismo». Por «sexismo» entendemos la caracterización o actitud que tiende a presentar a mujeres y varones como diferentes en aptitud, capacidad, carácter, comportamiento o rol social debido a sus diferencias biológicas. Por «generismo» debemos entender la caracterización o actitud por la cual la adscripción de género de las personas reside exclusivamente en el subjetivismo de la voluntad, impidiendo el análisis crítico del propio concepto «género». Tanto el sexismo como el generismo al determinar por medio de un único factor lo que las personas son y lo que les cabe esperar se encuadran en posicionamientos esencialistas: esencialismo biológico, sexismo; esencialismo constructivista, generismo.

Cuerpos, sexualidad y género

En los años noventa surgen grupos activistas como Queer Nation y Act up vinculados a la lucha antisida para, entre otras razones, frenar el brote homófobo por parte del conservadurismo político ante la expansión de la epidemia del sida. Pero también pretendían «avivar una lucha aletargada como consecuencia de la aparente asimilación política de los homosexuales más privilegiados, quienes empezaron a desentenderse de la extensión de la enfermedad entre grupos sociales o étnicos desfavorecidos»[116]. Se posicionaban críticamente hacia los intentos de normalización por parte de la comunidad gay-lésbica: se les tildaba de asimilacionistas por querer asemejarse al ideal de persona heterosexual, de clase media. A partir de este momento lo queer se teoriza y se instala en las universidades, siendo Eve Kosofsky Sedgwick y Judith Butler los referentes principales.

---

[116] *Ibíd.*, pág. 19.

Los estudios queer recuperan, a su vez, los trabajos de Monique Wittig, Gayle Rubin y Adrienne Rich, que cuestionan la matriz heterosexual. Por ejemplo, Wittig se enfrentará a la corriente principal del feminismo designándolo como «heterofeminismo»; para ella, asumir la categoría «mujer» como categoría emancipadora tiene efectos coercitivos y normativos; es preciso, afirmará, suprimir las categorías de hombre y mujer:

> Para nosotros no hay ser-mujer ni ser-hombre. «Hombre» y «mujer» son conceptos de oposición, conceptos políticos [...] no puede ya haber mujeres ni hombres ni como clases ni como categorías de pensamiento y de lenguaje, deben desaparecer política, económica, ideológicamente. Si nosotras, lesbianas, homosexuales, continuamos llamándonos o concibiéndonos como mujeres, como hombres, contribuimos a mantener la heterosexualidad[117].

Gayle Rubin, a su vez, en su artículo «El tráfico en las mujeres: notas sobre la economía política del sexo», publicado en 1975, denuncia las jerarquías sexuales y la «heterosexualidad obligatoria» e insiste en la fabricación social de lo masculino y lo femenino o el «sistema sexo-género», como lo define. La imposición de heterosexualidad produce la antihomosexualidad. Por ello Rubin se decanta por una defensa cerrada de las sexualidades no convencionales o «exóticas», enfrentándose con ello a la corriente principal del feminismo. Rubin desplaza la historia de la sexualidad del ámbito de la reproducción al de las tecnologías que reconfiguran el cuerpo y la producción material de los objetos de consumo. Este giro dado por Rubin será de enorme trascendencia para la teoría queer.

En cierto grado de sintonía con lo afirmado por Wittig y Rubin se publica en 1980 *Heterosexualidad obligatoria y exis-*

---

[117] Citado en Javier Sáez, *Teoría queer y psicoanálisis,* Madrid, Síntesis, 2004, págs. 105-106.

tencia lesbiana de Adrienne Rich. En este texto se analizarán la heterosexualidad y sus efectos en las identidades sexuales y de género. Rich separa abiertamente entre lesbianismo y feminismo y denuncia el heterocentrismo en la corriente principal del feminismo. Planteará, por ello, que será más importante a la causa feminista la denuncia de la imposición de heterosexualidad que la denuncia de la «desigualdad de género» o el dominio cultural de la masculinidad: de la heterosexualidad, afirma, proceden la gran mayoría de las desigualdades.

En este breve recorrido de autoras me quiero detener especialmente en el artículo «La tecnología del género» de T. de Lauretis publicado en 1989. De Lauretis aborda el camino de la deconstrucción del «género» y critica «la noción del género como diferencia sexual». Según De Lauretis, «la noción de género como diferencia sexual» era central en los escritos feministas. De Lauretis detalla en qué consiste el «género como diferencia sexual»: «esa noción de género como diferencia sexual y sus nociones derivadas —cultura de mujeres, maternidad, escritura femenina, femineidad, etc.— se han tornado, ahora, una limitación, algo así como una desventaja para el pensamiento feminista»[118]. Fácilmente podemos constatar que la importancia concedida a la diferencia sexual no se corresponde en absoluto con lo planteado por el feminismo político de la igualdad, que aborda la diferencia sexual desde una perspectiva crítica. Debemos preguntarnos, entonces, ¿por qué De Lauretis atribuye a la corriente principal del feminismo la defensa de una cierta «esencialidad femenina» que era más propia, por ejemplo, del feminismo de la diferencia y del feminismo cultural?[119].

---

[118] T. de Lauretis, «La tecnología del género», en *Technologies of Gender. Essays on Theory, Film and Fiction,* Londres, Macmillan Press, 1989, pág. 7.

[119] En *Democracia feminista* ya planteé una crítica a las corrientes minoritarias del feminismo que se referían a una «cultura de mujeres» o espe-

No es posible suponer que De Lauretis ignorara la polémica entre feminismo de la diferencia y feminismo de la igualdad de los años ochenta, así que no deja de producir cierta perplejidad, quizá por pereza o impostura intelectual de la autora, que atribuya a la corriente principal del feminismo, feminismo político de la igualdad, lo que fue *corpus teórico* del «feminismo de la diferencia» europeo y del denominado «feminismo cultural» estadounidense: defensa de la diferencia sexual, de una cultura de mujeres, de una mística de la maternidad, de una escritura femenina, de la feminidad, etc. Así que las variantes academicistas del feminismo de la diferencia y cultural, de escasa incidencia política, le sirven a De Lauretis para cuestionar la corriente principal del feminismo, basado en la igualdad y la vindicación política. De Lauretis pretendía impugnar tanto la categoría «mujer», como genérico emancipador, en palabras de Celia Amorós, como el feminismo político[120].

De Lauretis analiza la categoría «mujer» en términos identitarios, mientras que el feminismo político recurre a la categoría «mujeres» como referencia de un grupo social en

---

cificidad femenina: «No hay una cultura específica de mujeres. Ni ha habido una comunidad de mujeres si no ha sido en la imaginación sexual de los varones, ni ha habido una religión específica de mujeres, la expresión más cercana de ello quizá fue el culto a Dioniso, ni ha habido una organización política de mujeres si no fue como mito patriarcal para explicar precisamente el dominio de los varones sobre las mujeres. A mi modo de ver en la llamada "cultura de mujeres" hay mucho de estética y muy poco de ética o conciencia política. Por ejemplo, Iris Young entiende que las mujeres no solo comparten identidad, sino también especificidad y que esta viene dada por la creación de una cultura de mujeres a partir de los años 70 que "continúa contando con la lealtad de millones de mujeres", bajo la forma de música, poesía, espiritualidad, literatura, celebraciones, festivales, bailes, confección de colchas, rituales basados en la brujería medieval, recuperando imágenes de la grandeza amazónica...» (A. Miyares, *op. cit.*, pág. 135).

[120] Celia Amorós, *Tiempo de feminismo. Sobre feminismo, proyecto ilustrado y postmodernidad,* Madrid, Cátedra, 1997.

lucha contra la desigualdad. Al utilizar la categoría «mujeres» en sentido identitario, De Lauretis no duda en afirmar que resulta imposible establecer «las diferencias de las mujeres respecto de la Mujer, es decir, las diferencias entre las mujeres o, quizás más exactamente, las diferencias *dentro de las mujeres*». Recurre De Lauretis al imaginario misógino «la Mujer» como identidad, se lo atribuye por la gracia de su pluma al feminismo político y no menciona, quizá porque le desbarata su relato, la batalla lingüística desplegada en los ochenta por el feminismo de la igualdad para describirnos como mujeres y no como «la mujer», expresión propia del pensamiento reaccionario. Como De Lauretis le atribuye al feminismo el imaginario «la mujer», concluye que el feminismo está «atado a los términos del patriarcado occidental mismo». Estas generalizaciones y atribuciones, sin mayor poso argumentativo, son posteriormente reconocibles tanto en los planteamientos de Butler como en lo que más tarde cristalizaría como «feminismo decolonial». Da comienzo el error de perspectiva sobre el feminismo: entenderlo como una teoría de las identidades. El error persiste.

A diferencia de lo que supuestamente atribuye al feminismo, aboga De Lauretis por «un sujeto constituido en el género» a través de representaciones lingüísticas y culturales: «un sujeto en-gendrado también en la experiencia de las relaciones raciales y de clase; un sujeto, en consecuencia, no unificado sino múltiple y no tanto dividido como contradictorio»[121]. Así pues, del género se puede decir que es una representación, y que la representación del género es su construcción. En consecuencia, si el género es una construcción, también puede ser deconstruido. Y todo lo que es deconstruido inevitablemente será (re)construido, por lo que cabe la pregunta que De Lauretis se impone responder: «Si la desconstrucción de género

---

[121] T. de Lauretis, *op. cit.*, pág. 8.

inevitablemente produce su (re)construcción, la pregunta es ¿en qué términos y en interés de quiénes es producida la reconstrucción?»[122].

Así pues, De Lauretis procede a repensar el género como tecnología, por lo que se puede pensar el género sin asociarlo al sexo. Afirma que se deben reescribir las «narrativas culturales» y definir los términos desde otra perspectiva, «una perspectiva desde "otra parte"». El feminismo no ha tenido éxito en producirla, concluirá, ya que, en esa perspectiva desde «otra parte», el significado social de «sexo» debe ser desplazado por otros campos de significación como el lenguaje, la clase social, la raza y el género como producto. En definitiva, De Lauretis propone una diferente construcción de género que tenga verdadero efecto y se afiance «en el nivel de la subjetividad y de la auto-representación». Y por lo que afecta al feminismo, sus dos frases finales del artículo se convertirán en la puerta de entrada al pensamiento queer: «El sujeto del feminismo es en-gendrado allí. Es decir, en otra parte»[123].

En el intento de determinar «a quiénes interesa la reconstrucción» de género, De Lauretis no solo evaluará críticamente al feminismo, mediante atribuciones erróneas que se reproducen hoy en día como verdades esculpidas en piedra, sino que en 1991 publica, en la revista fundadora de los estudios queer *Differences,* el artículo «Teoría queer», en el que se dirige explícitamente a la comunidad gay-lésbica. Acuña la expresión «teoría queer» para cuestionar el rumbo tomado por los estudios gay-lésbicos y su tendencia a la normalización cultural y sexual por parte de la comunidad homosexual. Invita, De Lauretis, a gais y lesbianas a deconstruirse, reinventar otros términos para describir la se-

---

[122] *Ibíd.*, pág. 31.
[123] *Ibíd.*, pág. 34.

xualidad y a elaborar otro horizonte discursivo sobre lo sexual. Como afirma Javier Sáez, «esta apertura epistemológica de De Lauretis estará en la base del pensamiento queer»[124].

De todo lo expresado en el artículo «La tecnología del género» y posteriores aportaciones de De Lauretis, me interesa sobremanera responder con ánimo crítico a la cuestión ya referida: «Si la desconstrucción de género inevitablemente produce su (re)construcción, la pregunta es ¿en qué términos y en interés de quiénes es producida la re-construcción?». Mi respuesta inmediata es que la «re-construcción» del género no será en interés de las mujeres.

Las disidencias sexuales de Gayle Rubin

Gracias a la desconstrucción se procederá a cuestionar la sexualidad amparada en categorías binarias mutuamente excluyentes, tanto la de varón/mujer como la de heterosexual/homosexual. Pero también la desconstrucción será adecuada para visibilizar las sexualidades no normativas. Los estudios queer abogarán tanto por las «subjetividades excéntricas» como por la defensa de las disidencias sexuales. Y es en este contexto de inicio de los estudios queer donde es de obligada referencia el texto de Gayle Rubin de 1989, «Reflexionando sobre el sexo».

Comienza Rubin su artículo describiendo la represión sexual que en ese momento se lleva a cabo contra la homosexualidad, la prostitución, la pornografía y las desviaciones sexuales de toda clase tanto en Estados Unidos como en Canadá. Frente a la represión sexual, Rubin nos propone la elaboración de un pensamiento «radical completo, coherente e inteligente sobre el sexo». Para Rubin, una teoría radical del

---

[124] J. Sáez, *op. cit.*, pág. 131.

sexo «debe identificar, describir, explicar y denunciar la injusticia erótica y la opresión sexual». Así, frente al esencialismo sexual que considera el sexo como natural y la sexualidad como impulso natural, Rubin propone una alternativa constructivista, esto es, que la sexualidad se constituye en la sociedad y no está unívocamente determinada por la biología. La sexualidad humana no puede comprenderse en términos puramente biológicos: «Una vez que se comprenda el sexo en términos de análisis social e histórico será posible una política sexual más realista»[125]. Hasta aquí el análisis de Rubin se mantiene dentro de los marcos clásicos de crítica al determinismo biológico, compartido también por el feminismo.

Pero es a la hora de describir las comunidades eróticas estigmatizadas y las fuerzas sociales que las regulan cuando Rubin se separa abiertamente del feminismo para entroncar con los posicionamientos queer sobre el género, el sexo, la sexualidad y el deseo. Insiste en diferenciar entre «deseo sexual» y «género» y aboga por una política de la sexualidad independiente de una política de género. Rubin desarrolla una plataforma discursiva que defiende las múltiples posibilidades de posicionamiento frente al género y el deseo, más allá de las heterosexuales y de las lésbico-gay. Partiendo de la idea de que las sociedades evalúan los actos sexuales según un sistema jerárquico de valor sexual que ella describe como «pirámide erótica», comienza un repaso de las prácticas sexuales: en la cima de la pirámide estarían «los heterosexuales reproductores casados»; las parejas estables de lesbianas y gais «están en el borde de la respetabilidad»; y en la base de la pirámide, las castas sexuales más despreciadas y que

---

[125] Gayle Rubin, «Reflexionando sobre el sexo: notas para una teoría radical de la sexualidad», en Carole S. Vance (comp.), *Placer y peligro; explorando la sexualidad femenina,* Madrid, Talasa, 1989, pág. 133.

incluyen normalmente a los transexuales, travestís, fetichistas, sadomasoquistas, trabajadores del sexo, tales como los prostitutos, las prostitutas y quienes trabajan como modelos en la pornografía y la más baja de todas, aquellos cuyo erotismo transgrede las fronteras generacionales[126].

No puedo dejar de hacer un análisis crítico de la pirámide erótica de Rubin, tanto en su descripción de la cima como de su base.

Sitúa Rubin en la cima de la pirámide a aquellas personas que se ajustan al molde de la «heterosexualidad reproductora» y que obtienen por ello, gracias a su conducta sexual, un valor social de respetabilidad y legalidad. Rubin, al diferenciar entre práctica sexual y género, trata indistintamente a las mujeres y los varones que se atienen a la conducta de «heterosexualidad reproductiva». Rubin enjuicia críticamente la «heterosexualidad reproductora» al compararla con otras conductas sexuales como las establecidas por lesbianas, gais u «otras disidencias sexuales», pero no establece crítica alguna —que sí hace el feminismo— de lo que significa para la vida y expectativas de una inmensa mayoría de mujeres la «heterosexualidad reproductiva» en términos de desventaja social frente a sus pares los varones. Tanto Rubin como Butler tienden a ocultar las conexiones que existen entre el género, la sexualidad y la necesidad (clase).

El feminismo político de la igualdad, a diferencia de lo planteado por Rubin, ha enjuiciado críticamente el modelo de «heterosexualidad reproductora», ya que no se siguen los mismos grados de «respetabilidad, legalidad, movilidad física y social, apoyo institucional y beneficios materiales»[127] para las mujeres que para los varones. Del análisis crítico de la sexualidad y el género elaborado por el feminismo se concluye

---

[126] *Ibíd.*, pág. 136.
[127] *Ibíd.*, pág. 137.

que tanto la «sexualidad» como el «género» abocan a prácticas de opresión de las mujeres. Por ejemplo, las figuras del «varón proveedor» y la «mujer cuidadora» conforman arquetipos sociales de género que aún hoy siguen siendo causa de desigualdad entre mujeres y varones; de igual modo, la desigualdad estructural derivada de la sexualidad se expresa por medio de la cosificación sexual de las mujeres, sea en el dormitorio matrimonial o en un escaparate de comercio sexual. Para el feminismo, el énfasis en el modelo «heterosexual reproductivo» no se puede desligar de la dominación masculina y la subordinación femenina, donde «deseo sexual» y «apropiación sexual» muchas veces son indiscernibles en lo que afecta a la vivencia masculina de la sexualidad.

Si es de todo punto cuestionable, desde una perspectiva feminista, que Rubin no analice críticamente la matriz «heterosexual», por las diferencias normativas que establece para mujeres y varones, peor resulta el hacinamiento de «conductas eróticas» que sitúa en la base de la pirámide, cuya única característica es diferir del patrón «heterosexual reproductivo». Describe Rubin que la clasificación de conductas sexuales inapropiadas procede, en versión tradicional, de las «tradiciones religiosas occidentales» y en su traslación contemporánea de la práctica médica y psiquiátrica. A los tabúes religiosos atribuye la persecución de las conductas sexuales que ponían en riesgo el patrón «heterosexual reproductivo». Por ello las leyes sexuales religiosas tenían por objetivo «impedir el encuentro de compañeros con relaciones incorrectas: consanguineidad (incesto), el mismo género (homosexualidad) o la especie equivocada (bestialismo)»[128]. Cuando la versión religiosa sobre la sexualidad decae y es sustituida contemporáneamente por la práctica médica y psiquiátrica, el objetivo no es señalar «compañeros incorrectos», sino indicar «formas de

---

[128] *Ibíd.*, pág. 137.

deseo sexual no apropiadas». Así pues, a la medicina y psiquiatría atribuye Rubin la multiplicación de conductas sexuales erróneas, tales como: «el fetichismo, el sadismo, el masoquismo, la transexualidad, el travestismo o el exhibicionismo, el voyeurismo y la pedofilia»[129]. Rubin cuestiona que estas formas de deseo sexual puedan ser clasificadas como «disfunciones psicológicas» y son las que, a su juicio, se encuentran en la base de la pirámide erótica y por ello denigradas y objeto de represión.

En la propuesta que hace Rubin de transformación de la sexualidad propone eliminar la estratificación sexual y la persecución erótica. Para ello no duda en otorgar el mismo rango tanto a las perversiones sexuales como al fetichismo, a la transexualidad como a la pedofilia, al travestismo como al sadismo, caracterizándolas como «orientaciones sexuales más exóticas». Resulta llamativo constatar que Rubin recurre a una especie de «cajón de sastre erótico» donde intencionadamente se mezclan homosexualidad y transexualidad con pedofilia, por ejemplo. Supuestamente Rubin pretendía liberar del estigma sexual prácticas criminalizadas por la justicia como la homosexualidad o la transexualidad, pero lo cierto es que se sirve del colectivo homosexual y transexual para equipararlas a otras disidencias sexuales cuando menos cuestionables. Utiliza intencionadamente la represión, la criminalización que sufren estas comunidades sexuales, para centrarse en lo que es el verdadero objetivo de «Reflexionando sobre el sexo»: legitimar prácticas sexuales como el sadomasoquismo, la pedofilia, el consumo de pornografía infantil y la defensa de la prostitución como una ocupación.

Describamos lo anterior con ejemplos. Rubin solo se refiere a la transexualidad para incluirla en el «cajón de sastre erótico» en relación con el sadomasoquismo, el fetichismo, la

---

[129] *Ibíd.*, pág. 138.

prostitución, la pornografía y «los encuentros que traspasan la barrera generacional», notable eufemismo para referirse a la pedofilia. Pero no encontraremos ningún análisis pormenorizado sobre la transexualidad ni empatía alguna, como sí la muestra hacia el sadomasoquismo o la pedofilia por la difícil carga que han de soportar:

> La dificultad es doble o triple para las orientaciones sexuales más exóticas. Los sadomasoquistas dejan sus ropas fetiche en casa y saben que deben tener especialmente cuidado en ocultar su identidad real. Si un pedófilo fuese descubierto por sus compañeros de trabajo, posiblemente saldría a patadas de su oficina. Tener que mantener un secreto tan absoluto es una carga considerable[130].

En su defensa de la pedofilia, descrita también como «amor intergeneracional», critica las leyes sobre la edad del consentimiento, ya que son «el mecanismo principal para asegurar la separación de generaciones sexuales»[131]. Rubin se muestra contraria a las leyes sobre pornografía infantil, ya que califican de obscena la «exhibición de menores desnudos o realizando actividad sexual»[132] y por ello «suprimen importantes libertades civiles de tipo sexual». Las leyes contrarias a la pornografía infantil, al igual que sucede con otro tipo de disidencias sexuales, estigmatizan a un «grupo erótico inocente».

En el análisis de las disidencias sexuales, tales como el fetichismo, el sadismo, el masoquismo, el exhibicionismo, el voyeurismo y la pedofilia, se limita Rubin a describirlas como conductas de «preferencia erótica» y ello le sirve para diferenciarlo de la prostitución, que califica como «ocupación» o trabajo sexual. Se lamenta, sin embargo, de que, al igual que

---

[130] *Ibíd.*, pág. 157.
[131] *Ibíd.*, pág. 153.
[132] *Ibíd.*, pág. 123.

sucede con las «preferencias eróticas», la prostitución es una ocupación estigmatizada en «razón de su actividad sexual». Aboga, por lo tanto, por la consideración de la prostitución como trabajo sexual porque además el comercio sexual tiene efectos positivos en la economía de mercado: disuelve prejuicios y supersticiones[133]. Así Rubin concluye que «la industria del sexo no es ciertamente una utopía feminista, pero simplemente refleja el sexismo imperante en la sociedad en su conjunto»[134]. Como quien no quiere la cosa, Rubin nos anima a aceptar ciertas dosis de sexismo o desigualdad sexual antes que eliminar el comercio sexual. En definitiva, puesto que la prostitución y también la pornografía son expresión de la libertad sexual, queda relegada a un segundo plano, de menor interés, la crítica a la prostitución y la pornografía por ser prácticas que revelan la desigualdad sexual y el dominio patriarcal masculino.

Será precisamente la defensa que hace Rubin de la «libertad sexual», como valor absoluto, la que le permita dirigir sus críticas hacia el feminismo. De entrada, considera Rubin que el feminismo no sirve para elaborar una teoría de la sexualidad. Afirmará, por el contrario, que el feminismo se encuadra dentro de los «sistemas de enjuiciamiento sexual», al igual que la religión o la psicología. Si para la religión el ideal es el matrimonio procreador, y para la psicología, la heterosexualidad madura, el feminismo, afirma

---

[133] «El propio Marx consideraba el mercado capitalista como una fuerza revolucionaria, aunque limitada. Afirmaba que el capitalismo era progresivo en cuanto que disolvía los prejuicios y supersticiones precapitalistas y los lazos de los modos de vida tradicionales. "De ahí la gran influencia civilizadora del capital, su producción de un tipo de sociedad frente a la cual todas las etapas anteriores aparecen como simple progreso local e idolatría de la naturaleza". Apartar al sexo de los efectos positivos de la economía de mercado difícilmente lo convierte en socialista» (*ibíd.*, pág. 153).

[134] *Ibíd.,* pág. 173.

Rubin, al no distinguir entre «género» y «deseo sexual», se convierte en una herramienta coercitiva, ya que considera «la liberalización sexual como una mera extensión de los privilegios masculinos».

En «Reflexionando sobre el sexo» se nos propone diferenciar entre opresión sexual y opresión de género. Pero al insistir en que no se puede considerar la sexualidad «simple derivación del género», Rubin impide cualquier planteamiento crítico del funcionamiento de las prácticas sexuales. Por ejemplo, no parece posible criticar las prácticas sexuales derivadas de la heteronormatividad de género por la cual los varones satisfacen su deseo sexual apropiándose sexualmente del cuerpo de las mujeres. La respuesta de Rubin a este tipo de prácticas, como ya describí, es que debemos aceptar en toda sociedad el sexismo imperante. No debemos olvidar que el supuesto objetivo de Rubin era cuestionar la heterosexualidad, pero lo que realmente termina haciendo es normalizar prácticas mayoritariamente heterosexuales, como la prostitución, lesivas para las mujeres. Su propuesta de combatir la opresión sexual conlleva admitir la opresión de género para las mujeres, aceptando el sexismo implícito en la pornografía y la prostitución. Rubin desdeña el feminismo porque no es supuestamente liberador para las mujeres. Y al igual que también lo van a hacer De Lauretis o Butler, se recrea en la posibilidad de articular una nueva teoría: «Es necesario elaborar una teoría y política autónomas específicas de la sexualidad»[135]. Será la teoría queer.

Es innegable que los postulados de Rubin están presentes en todo pensamiento queer que se precie de serlo: separación de una política de la sexualidad de una política de género; defensa de múltiples posibilidades de posicionamiento frente al género; toda conducta, práctica o deseo sexual es equiva-

---

[135] *Ibíd.*, pág. 186.

lente a cualquier otra, conformando un «cajón de sastre erótico» que obstaculiza señalar las divergencias; el deseo y la conducta sexual en todas sus variantes posibles no puede ser clasificado como «disfunción psicológica»; defensa de la pornografía y la prostitución; por último, crítica al feminismo.

La teoría[136] queer y el sujeto «transgénero»

Partiendo de la diferencia establecida por Rubin entre «política sexual» y «política de género», el pensamiento queer pretende poner en el centro de su análisis la «sexualidad», redefiniendo, a su vez, las identidades heterosexuales y homosexuales. Desde su inicio, los estudios queer reproducidos en ámbito académico partieron de dos supuestos, ni suficientemente probados ni argumentados. Por el primer supuesto, se criticaba a la corriente principal del feminismo de sostener tesis heterosexistas; por el segundo, se le achacaba a los estudios gay-lésbicos una mirada excesivamente androcéntrica. Como consecuencia, en muchos relatos queer se llega a homologar el feminismo al patriarcado y la lucha gay-lésbica será criticada por pretender una normalización similar a la que procede de la heterosexualidad.

---

[136] Ciertamente el término «teoría» se usa, como afirma Javier Sáez, de modo inadecuado para referirse a los «estudios queer». El término «teoría» hace referencia a un conjunto organizado de ideas articulado de forma sistemática para explicar un determinado objeto de estudio: «Es evidente que utilizar la palabra "teoría" para referirse a los estudios queer es bastante inapropiado. La palabra teoría desprende un brillo especial, provoca una seducción, traduce una especie de esperanza de explicación, de verdad final que aparecerá de forma coherente en su seno. Sin embargo, lo que llamamos teoría queer no es un corpus organizado de enunciados, ni tiene ninguna pretensión de cientificidad, ni posee un autor único, ni aspira a dar cuenta de un objeto claramente definido, es decir, no es propiamente hablando "una teoría"» (Javier Sáez, *op. cit.*, págs. 126-127).

Para conjurar el riesgo de percepciones totalizadoras o de normalización, lo queer se adentra en la deconstrucción como el único camino para lograr nuevas «representaciones de género».

Los postulados queer pretenden cuestionar las identidades, conductas y deseos aparentemente estables. Se procederá a revisar, desde planteamientos posmodernos, la noción de «identidad sexual»; se intentará también desestabilizar los cánones universalistas y transgredir los comportamientos normativos derivados de la heterosexualidad, pero también de la homosexualidad. Así, por ejemplo, serán objeto de crítica los intentos de normalización por parte de la comunidad lésbica-gay: «La legitimación de los homosexuales como minoría normalizada no es entendida como una victoria sino como una perpetuación del régimen social que sustenta dominaciones, jerarquías y exclusiones»[137]. Lo queer rechaza las clasificaciones sexuales y promueve una individualidad en lucha contra toda normatividad. Pretende dinamitar los pilares de toda normatividad afirmando el carácter mutable y distorsionador del «género» para fragmentar las identidades sexuales: «Las prácticas queer hacen tambalear los cimientos sobre los que se han construido las políticas identitarias gays y lesbianas, disolviendo los conceptos de "minoría sexual" y "comunidad gay", "gay" y "lesbiana" e incluso "hombre" y "mujer"»[138]. Así, para el pensamiento queer, las identidades son fluidas y cambiantes y los binarismos (varón/mujer, heterosexual/homosexual) son distorsiones y la base de la opresión[139].

---

[137] Rafael M. Mérida Jiménez, *op. cit.*, pág. 18.
[138] Joshua Gamson, «¿Deben autodestruirse los movimientos identitarios? Un extraño dilema», en Rafael Mérida Jiménez, *op. cit.*, pág. 141.
[139] «Los binarismos producidos por la sociedad (homosexual/heterosexual, hombre/mujer) son la base de la opresión» *(ibíd.*, pág. 143).

El principal error de análisis de la teoría queer ha sido encuadrar el feminismo en el marco de las políticas identitarias, ignorando la tradición de rechazo del feminismo a la identidad «ser mujer». Para el feminismo, la identidad «ser mujer» ha sido siempre problemática, ya que las mujeres, como argumenta Susan Wolf, «han sido reconocidas como mujeres en cierto sentido —en realidad, como "nada más que mujeres"— durante demasiado tiempo»[140]. Sin embargo, la perspectiva queer, al asumir la categoría «mujeres» en el contexto de las identidades sexuales, invalida toda la lucha feminista contra la opresión derivada del sexo/género: «El empeño de algunos sectores del feminismo de crear un sujeto que sea único y constante tiene consecuencias reguladoras y coercitivas, a pesar de que se haya llevado a cabo como maniobra para la emancipación»[141]. Esta afirmación tan categórica, que reduce los procesos emancipatorios a casi una cuestión de oportunismo político, solo es posible al entender el feminismo como «un movimiento identitario».

La crítica queer al binarismo sexual «varón/mujer», como «identidades sexuales normalizadas», establece la falsa impresión de equivalencia en las expectativas vitales de los varones y de las mujeres. Lo queer sostiene que el binarismo «varón/mujer» produce cuerpos adaptados al orden social establecido. Así que cabe preguntar: ¿quién es esa «mujer» equivalente en identidad al «varón» y totalmente adaptada al orden social? Si la teoría queer se plantea la crítica a la modernidad occidental, si De Lauretis describe el «patriarcado occidental», si Rubin se refiere a un «sistema jerárquico de valor sexual» occidental o «esencialismo sexual occidental» y

---

[140] Susan Wolf, «Comentario», en Charles Taylor, *El multiculturalismo y «la política del reconocimiento»,* México, FCE, 1993, pág. 108.

[141] Miriam Solá, «Reflexiones feministas sobre el no binarismo», en *Granada, treinta años después: aquí y ahora,* Madrid, Coordinadora Estatal de Organizaciones Feministas, 2010, pág. 188.

si Butler nos describe una «representación occidental hegemónica», todo apunta a que el referente del binomio «varón/mujer» es una mujer blanca, heterosexual y occidental. Y su lucha es solo un modo de enmascarar los privilegios.

En sus planteamientos más desbocados, la teoría queer da pie a extrañas identificaciones. Así, por ejemplo, «ser mujer» se identifica con el orden heterosexual; la heterosexualidad, con el colonialismo; el colonialismo, con «ser blanco»; «ser blanco», con ser burgués, y ser burgués, con el capitalismo. Así enumerado puede resultar ridículo, pero lo cierto es que todas estas identificaciones queer se asientan en una jerga expresiva que cualquiera puede reconocer: «hegemónico», «heterocentrado», «decolonial», «racializado», «anticapitalista». Puede, a su vez, recibir el nombre de «transfeminismo» o «feminismo queer»: se procede a una suma de identificaciones que, al margen de análisis y comparaciones históricas a los que lo queer no es nada proclive, serán usadas para mantener viva la confrontación y promover la fragmentación de las identidades. La crítica queer al binarismo «varón/mujer» pretende deconstruir el binarismo, pero extrañamente el resultado es que el pensamiento queer solo deconstruye a las mujeres. En su crítica al binarismo, lo queer puede concluir que «el feminismo no son las mujeres».

¿A qué obedece la deconstrucción de la categoría «mujeres»? o, retomando la pregunta de De Lauretis, ¿en interés de quién se propone la re-construcción de género? Lo queer propone el surgimiento de una nueva «subjetividad feminista». La propia expresión «subjetividad feminista» nos indica que no nos alejamos del esquema identitario de construcción del yo. Reformulemos, así pues, la pregunta en sentido identitario: ¿qué identidad en construcción va a representar al feminismo? No las mujeres, sino el sujeto transgénero. La teoría queer propone un nuevo sujeto, el sujeto transgénero, que, a todo efecto, cuestiona que el sujeto político del feminismo sean las mujeres. Es más, se cuestiona la propia expresión «sujeto político». ¿Por qué? es la pregunta que debemos hacernos. Solo desde una percepción del feminismo como si fuera una «teoría de las identidades» se podría cuestionar la noción misma de «sujeto» o de «mujeres». Pero el feminismo, reitero, no es una «teoría de las identidades»; es una «teoría política» con un grupo social de referencia, las mujeres, cohesionado en torno a la vindicación de igualdad, lo que en palabras de Celia Amorós se denomina «genérico emancipador».

De lo expresado anteriormente se puede deducir que la lucha feminista y la teoría queer ni caminan por la misma senda ni tienen las mismas aspiraciones. Por ello el «sujeto transgénero» de la teoría queer introduce serias distorsiones en las aspiraciones u objetivos del feminismo. Más aún, supone un frenazo a las expectativas de igualdad de las mujeres, generando además polémicas estériles sobre lo que sea «ser mujer» en términos ontológicos. El feminismo se articula en torno a una agenda política y no se fragua en torno a identidades. Pero cuando desde los postulados queer se cuestiona la propia categoría «mujeres» como grupo social de vindicación política, no podemos dejar de analizarlo contextualmente: justo cuando las mujeres estamos alcanzando una notable visibilidad política-social, se reaviva, desde microgrupúsculos de la izquierda política que se denominan a sí mismos feministas, una imposición que exige a las mujeres que aceptemos categorías inestables, permeables y fluidas como «transgénero» y que además nos veamos en ella representadas, bajo la acusación de «transfobia», si no aceptamos el nuevo contrato por el que se nos invisibiliza. Y esta imposición es una imposición reactiva.

Ser feminista es llevar a término una agenda y no una cuestión de afinidades identitarias, ni de emociones compartidas ni de autodenominaciones subjetivas. Conlleva un posicionamiento en cuestiones hoy cruciales: representatividad sin usurpación, abolición de la prostitución, erradicación de la práctica del alquiler de vientres, autonomía judicial, reconocimiento de talento y el largo etcétera del acceso a los bienes y esferas de realización social que a las mujeres se nos escamotean de modo constante. Ser feminista es des-identificarse de las pautas de adscripción de género, justo el modo de operar contrario al sujeto transgénero. Así pues, como feministas debemos describir los elementos de distorsión que introduce el sujeto «transgénero»: por ejemplo, en la articulación política comprobamos que el debate se desplaza de la igualdad a la diversidad, de los derechos a los deseos, de la vindicación colectiva a la subjetividad individual. Se pretende presentar el sujeto transgénero, sujeto de voluntad inclusiva que aunaría a gais, lesbianas, a los que ejercen algún tipo de «sexualidad disidente», travestis, transexuales, mujeres y «las denominadas personas» de color, como si no hubiera diferencias de agenda. El sujeto transgénero procede a designar lo que las mujeres somos o dejamos de ser y también impone el borrado de las diferencias en el propio colectivo LGTBI.

Quizá en la propia definición de lo queer seamos capaces de ver la estrategia política que subyace. Lo queer se refiere tanto a sujetos masculinos como a femeninos, a las múltiples combinaciones de género que imaginar se quiera y a las prácticas sexuales cotidianas o marginales respecto a la heterosexualidad. Queer es omnímodo, tal cual describe el término D. Córdoba:

> En este sentido, queer es más que la suma de gays y lesbianas, incluye a estos y a muchas otras figuras identitarias construidas en ese espacio marginal (transexuales, transgénero, bisexuales, etc.) a la vez que se abre a la inclusión de todas aquellas que puedan proliferar en su seno[142].

---

[142] D. Córdoba, «Teoría queer: reflexiones sobre el sexo, la sexualidad e identidad. Hacia una politización de la sexualidad», en David Córdoba, Javier Sáez y Paco Vidarte (eds.), *Teoría queer. Políticas bolleras, maricas, trans, mestizas,* Madrid, Egales, 2005, pág. 22.

El sujeto transgénero y la transgeneridad son omniabarcantes, afectan a todo: al quién, al qué, al cómo, al cuándo, al dónde. Concebido como dispositivo de lectura, máquina de guerra biopolítica, historicidad, ironía y contingencia, según expresa el ubicuo activista transgénero Mauro Cabral:

> La *transgeneridad* constituye un espacio por definición heterogéneo, en el cual conviven —en términos no solo dispares, sino también enfrentados— un conjunto de narrativas de la carne, el cuerpo y la prótesis, el deseo y las prácticas sexuales, el viaje y el *estar en casa,* la identidad y la expresión de sí, la autenticidad y lo ficticio, el reconocimiento y la subversión, la diferencia sexual y el sentido, la autonomía decisional y la biotecnología como instrumento que es, a la vez, cambio de batalla. Es, por lo tanto, un espacio atravesado por una multitud de sujetos en dispersión —travestis, lesbianas que no son mujeres, transexuales, *drag queens, drag kings,* transgéneros... y tod*s aquell*s que, de un modo u otro, encarnamos *formas de vida* no reducibles ni al binario genérico ni a los imperativos de la hetero o la homonormatividad[143].

La cita es larga, lo sé. Pero revela no solo la locuacidad del autor, sino una estrategia política definida. Cabe además afirmar que si lo queer/transgénero es todo, no hay mayor necesidad de mantener el acrónimo LGTBI. En su momento, la validez del acrónimo residía en nombrar a la pluralidad de sujetos disidentes sexuales, señalando, a su vez, la desigual situación de discriminación según se sea gay, lesbiana, transexual, travesti, bisexual o intersexual. El acrónimo recuerda la necesidad de abordajes diferenciados para combatir la discriminación. Ahora bien, si lo queer/transgénero describe a todo

---

[143] Mauro Cabral, «La paradoja transgénero», en C. F. Cáceres *et al., Sexualidad, Ciudadanía y Derechos Humanos en América Latina,* Lima, IESSDEH/UPCH, 2011, pág. 97.

tipo de personas, situaciones o pautas sexuales de conducta, quizá no esté lejano el día en que la «sopa de letras» quede subsumida en una letra y nos refiramos al «colectivo Q». Lo queer/transgénero parece pretender ser el metarrelato de lo que acontece.

A partir de 2006 y su desarrollo en los Principios de Yogyakarta, lo queer se politiza y el sujeto «transgénero» (a veces abreviado como «trans») emerge como término paraguas «para describir a personas con una amplia gama de identidades»[144]. Pero «transgénero» en su uso normativo está invisibilizando a las «minorías sexuales» más vulnerables, como pueden ser los transexuales o los intersexuales. Volveré sobre la cuestión de modo específico en páginas siguientes, pero sirva a modo de ejemplo el *Informe del Experto Independiente sobre la protección contra la violencia y la discriminación por motivos de orientación sexual o identidad de género* de 2017 que nos brinda la ONU. En este informe se recoge de manera explícita, como el mismo experto reconoce, que «la cuestión de la terminología es muy delicada», por lo que el acrónimo LGBT (en inglés) se refiere a lesbianas, gais, bisexuales y transgénero:

> Desde los primeros días de su labor, el Experto Independiente ha tenido que afrontar la búsqueda de una terminología equilibrada sobre la orientación sexual y la identidad de género. El acrónimo «LGBT» se utiliza en los debates y está estrechamente vinculado a este mandato. Se trata de un acrónimo en inglés que significa (personas) lesbianas, gais, bisexuales y transgénero[145].

---

[144] ONU, *Informe del Experto Independiente sobre la protección contra la violencia y la discriminación por motivos de orientación sexual o identidad de género*, abril de 2017. La cita entera para que no haya lugar a confusiones terminológicas es: «Transgénero (a veces abreviado como "trans") es un término general que se utiliza para describir a personas con una amplia gama de identidades», pág. 4.

[145] *Ibíd.*, pág. 5.

El término «transexual» no aparece, ni siquiera a pie de página. La T no significa transexual, sino transgénero. En lo que afecta a los «intersexuales», los elimina casi de un plumazo, ya que este grupo de personas tienen «características especiales que no están necesariamente relacionadas con la orientación sexual y la identidad de género»[146]. El acrónimo se va restringiendo, por efecto del sujeto «transgénero». El autor del informe fue Vitit Muntarbhorn. No se olviden del nombre, volverá a aparecer en estas páginas.

En definitiva, «transgénero» es el nuevo sujeto omnímodo que, como afirma el activista transgénero Mauro Cabral, pese a su heterogeneidad, no duda en disputar la herencia con el feminismo o con las aspiraciones de normalización del colectivo de gais, lesbianas, transexuales o intersexuales. Y esta batalla se libra en una expresión y sus derivados, la «identidad de género».

La «identidad de género»
o los «Principios de Yogyakarta»

En noviembre de 2006, veintiocho personas se reúnen en Yogyakarta (Indonesia) a petición de Louise Arbour, ex alta comisionada de las Naciones Unidas para los Derechos Humanos (2004-2008), para elaborar una serie de principios relativos a la orientación sexual e «identidad de género». El documento debía contener una serie de recomendaciones a los gobiernos, a las instituciones intergubernamentales, a la propia organización de las Naciones Unidas, a las instituciones nacionales de derechos humanos, a los medios de comunicación, a las organizaciones no gubernamentales y las agencias financiadoras para su aplicación. En esta reunión se adopta-

---

[146] *Ibíd.*, pág. 6.

ron de forma unánime veintinueve principios: «Principios de Yogyakarta. Principios sobre la Aplicación de la Legislación Internacional de Derechos Humanos en Relación con la Orientación Sexual y la Identidad de Género», conocidos hoy como «Principios de Yogyakarta». Meses después, en marzo de 2007, los «Principios de Yogyakarta» fueron presentados ante el Consejo de Derechos Humanos de las Naciones Unidas en Ginebra como una carta global para los derechos LGBT. Los redactores de los principios pretendían que fueran considerados norma universal de obligado cumplimiento para los Estados. Sin embargo, estos principios no fueron adoptados por los Estados en un tratado y, por tanto, no constituyen un instrumento vinculante en materia de derechos humanos.

Los Principios de Yogyakarta se centran en lo que se ha de hacer para impedir la violación de los derechos humanos por causa de la «orientación sexual» de las personas o por causa de la identidad de género «real o percibida de las personas». Era, pues, imperativo aclarar qué se debe entender por «orientación sexual» y qué por «identidad de género». En el preámbulo del documento se acuerdan las definiciones. Así pues, de la «orientación sexual» se afirma que

> se refiere a la capacidad de cada persona de sentir una profunda atracción emocional, afectiva y sexual por personas de un género diferente al suyo, o de su mismo género, o de más de un género, así como a la capacidad de mantener relaciones íntimas y sexuales con estas personas[147].

En esta misma definición podemos ver cómo la palabra «sexo», que debería ser el término de referencia de la expresión «orientación sexual», es ladinamente alterada por «géne-

---

[147] www.yogyakartaprinciples.org, pág. 8.

ro» para ya, de entrada, ponernos en antecedentes de la existencia de personas con «más de un género».

A su vez, por «identidad de género» las personas congregadas en Yogyakarta acuerdan la definición siguiente:

> La «identidad de género» se refiere a la vivencia interna e individual del género tal como cada persona la siente profundamente, la cual podría corresponder o no con el sexo asignado al momento del nacimiento, incluyendo la vivencia personal del cuerpo (que podría involucrar la modificación de la apariencia o la función corporal a través de medios médicos, quirúrgicos o de otra índole, siempre que la misma sea libremente escogida) y otras expresiones de género, incluyendo la vestimenta, el modo de hablar y los modales[148].

Curiosamente en la definición de «identidad de género» que se nos ofrece aparece el término «sexo» para describirlo como «sexo asignado». La pretensión en la utilización de la expresión «sexo asignado» es mostrar la ausencia de correspondencia entre el «sexo» y el «género»; pero además se sugiere que la «atribución de sexo» es maliciosa: una «asignación» realizada arbitrariamente, tal parece, al momento de nacer. Gracias a la mera palabra «asignación», se niega que el «sexo» sea un dato natural y objetivo. Como se afirma en el informe de 2015, *Violencia contra personas LGBTI*, de la Comisión Interamericana de Derechos Humanos: «Solo nuestras creencias sobre el género —no la ciencia— pueden definir nuestro sexo»[149].

La definición de «orientación sexual» del documento de Yogyakarta se encuadra en el marco del pensamiento queer y

---

[148] *Ibíd.*
[149] Comisión Interamericana de Derechos Humanos, *Violencia contra personas LGBTI*, 2015, pág. 30.

la definición dada de «identidad de género» nos revela la estrategia política de los postulados queer: lo queer entiende las identidades como forma de resistencia y su constante redefinición como elemento de desestabilización. Así es que para evitar mecanismos de normalización que se puedan fraguar en torno al grupo social, las mujeres, o en torno a «minorías sexuales», lo queer propone adoptar estratégicamente identidades diversas. De ahí el énfasis en que se eleve a norma legal la «identidad de género». Si la «identidad de género» se conforma como expresión suprema de la subjetividad, «vivencia interna», se erradica cualquier posible dispositivo de normalización en torno a categorías como «sexo», «mujer», «lesbiana», «transexual», etc. De hecho, tanto las prácticas queer como la expresión «identidad de género» convierten la noción de «identidad en un sinsentido»: «desbaratando la idea de que las identidades (hombre, mujer, gay, heterosexual) son fenómenos estables, naturales y básicos y, por lo tanto, un ámbito político sólido»[150].

Descrito de otro modo, la «identidad de género» es autorreferencial y se ajusta expresamente a lo que debemos entender por queer, en palabras de Eve K. Sedgwick: «Queer parece depender mucho más radical y explícitamente del particular esfuerzo de una persona, de sus actos performativos experimentales de autopercepción y afiliación»[151]. «Queer» va asociado a primera persona y su expresión normativa es la «identidad de género». Pero concebir el género como categoría identitaria, «identidad de género», impide percibir que el «género» no es un atributo ontológico del «yo», sino un síntoma que causa desigualdad, sobre todo a las mujeres. La expresión «identidad de género» parece referirse a una posible

---

[150] Joshua Gamson, *op. cit.*, pág. 158.
[151] Eve Kosofsky Sedgwick, «A(queer) y ahora», en Rafael M. Mérida Jiménez, *op. cit.*, pág. 39.

jerarquización entre subjetividades más que a intentar abolir una estructura jerárquica de poder. Políticamente, según la definición dada en Yogyakarta, la «identidad de género» también se revela como una «lucha de egos» indiferentes a los mecanismos de poder. De hecho, las prácticas queer y la supuesta «reconstrucción del género» pasan por lograr desvincularlas de un sistema de poder, esto es, del patriarcado, para concebir el género como un espacio de creación o posibilidad de múltiples identidades.

La pregunta, por tanto, que debemos hacernos es si la «identidad de género» remite a algún proyecto emancipador o es solo una formulación de la expresividad vital de la subjetividad. Todo apunta a que, en la propia definición dada en los Principios de Yogyakarta, más parece una descripción de lo que en psicología se describe como personalidad: vivencia interna e individual, vivencia personal del cuerpo, vestimenta, modo de hablar y modales. Según los teóricos de la identidad de género o autodeterminación de género, la pretensión última es luchar contra el determinismo biológico, pero lo cierto es que acaban imponiendo un burdo determinismo psicológico o psicologismo: «la opinión insostenible de que imperativos psicológicos autónomos dados con independencia de la cultura y la historia pueden dictar el modo en el que se interpretan y el modo de actuar sobre ellos dentro de la cultura y la historia»[152]. Al ser un imperativo de carácter psicológico, suscita, como no podía ser de otra manera, controversias tanto en el propio seno del colectivo LGTBI como en aquellos colectivos que no se sienten en absoluto representados por el acrónimo LGTBI. Una vez que se abre la «esencia de la identidad», el movimiento es imparable, ¿por qué transgénero y no sexualidades ancestrales como los «Dos Espíritus»?:

---

[152] N. Fraser, *Fortunas del feminismo,* Quito, Traficantes de Sueños, 2015, pág. 176.

«Un Nativo Americano Dos Espíritus puede sentirse muy restringido bajo las categorías de "lesbiana" o "gay" por su personalidad, espiritualidad, e identidades específicas y complejas»[153]. La identidad de género está viciada por el psicologismo, convirtiendo además la identidad en algo estático. Para aminorar esta crítica del estatismo identitario, los reunidos en Yogyakarta se refieren también a la fluidez de los géneros, pero ciertamente no deja de ser un juego del lenguaje que como juego discursivo estaría bien, si no existiera la pretensión de que sea reconocida jurídicamente. Los Principios de Yogyakarta describen solo un tipo específico de personalidad, la «personalidad transgénero». Como afirma Vitit Muntarbhorn, signatario en Yogyakarta y años después designado experto independiente de la ONU sobre violencia y discriminación basada en la orientación sexual y la identidad de género, «lo que uno siente en relación consigo mismo, que puede diferir del género asignado al nacer, eso es identidad de género»[154].

Lo cierto es que «identidad de género» no es en absoluto una expresión incluyente: si la «identidad de género» se asocia al concepto «libertad», a la posibilidad de toda persona de escoger libremente las circunstancias y convicciones que le dan sentido a su existencia, entonces nos estamos refiriendo a la expresión constitucionalmente reconocida a

---

[153] Comisión Interamericana de Derechos Humanos, *op. cit.*, págs. 28-29. En este sentido, lo mismo puede decirse de las personas «muxe»: como le indicó una persona muxe a la CIDH, «queremos ser nombradas y nombrados desde otro lugar, desde nuestro lugar de origen. En mi caso como Muxe, en las siglas LGBTI no tengo cabida en términos de representación» (pág. 29). Según se recoge en el mismo informe, si la autoidentificación de cada persona es un principio rector, la utilización del acrónimo «puede invisibilizar identidades sexuales y de género que resultan específicas para diferentes culturas, dando la impresión errónea de que esas identidades se originaron en Occidente y solo en fecha reciente» (pág. 28).

[154] https://www.ohchr.org/SP/NewsEvents/Pages/GenderIdentityReport.aspx.

toda persona que es la de «el libre desarrollo de la personalidad». El principio «libre desarrollo de la personalidad» incluye manifestaciones internas y externas de la personalidad, así como la apariencia y la intimidad: libre apariencia personal, libre opción sexual, entre otros. De hecho, «el libre desarrollo de la personalidad» se convierte en una garantía de respeto a las minorías, actuando como como factor de normalización. Por ello, si establecemos una comparación entre el reconocimiento jurídico de «el libre desarrollo de la personalidad» y la pretensión de reconocimiento de la «identidad de género», cabe afirmar que el reconocimiento jurídico de la «identidad de género» introduce elementos de discriminación frente a otros tipos de expresión de la personalidad.

La regulación de «identidades» amparadas en la subjetividad es de suyo conflictiva, ya que la esfera pública y el marco legal que le da sustento no se articulan en sensaciones, íntimas convicciones, sentimientos o deseos que difícilmente pueden ser comunes. Es más, puestos a regular «identidades», quizá habría que conceder amparo jurídico a la «identidad feminista» que, con cuatro siglos a su espalda, no solo ha mostrado solvencia argumentativa, sino que ha incidido de modo absoluto en la transformación de la realidad social hacia patrones de convivencia basados en la igualdad. Por el contrario, otorgar reconocimiento jurídico a una supuesta «identidad de género», que niega evidencias empíricas, que traza líneas divisorias y cuyo único sustrato son las creencias personales, es una broma de pésimas consecuencias. Admitir la construcción social del género no implica que se pueda modificar a voluntad. Así es que quienes se decantan por la identidad de género sirven de correa de transmisión en el sostenimiento de los mandatos de género. Por otra parte, si en una sociedad democrática el Estado carece de autoridad para determinar cómo debemos ser, difícilmente se puede conciliar con la estrategia política queer, que, por medio de la «identidad de género», pretende ejercer cierto control sobre el significado social de sexo/género e implantar nuevas «representaciones de género» que enmascaran tanto la desigualdad estructural de las mujeres como la discriminación de minorías sexuales. La «identidad de género» es el nuevo «pin» de control sexual. Debemos, pues, entender la identidad de género como una estructura coercitiva que provoca que el individuo se retraiga sobre sí mismo y se aferre a su propia identidad. La identidad de género se corresponde con una definición esencialista de lo que es el «género» y, por lo tanto, la imposición jurídica de la «identidad de género» daría paso a una nueva normatividad: de la heteronormatividad a la queernormatividad.

De la heteronormatividad a la queernormatividad

A partir del siglo XVIII se estableció un diferencial entre razón y credulidad. Así, por ejemplo, en siglos anteriores se creía en

> los monjes que dan de mamar, las mujeres que nunca comen y exhalan una dulce fragancia, los cambios de sexo según los caprichos de la imaginación, los cuerpos que en el paraíso no muestran diferencias sexuales, los partos monstruosos, las mujeres que paren conejos, y mucho más[155].

A partir del siglo XVIII se establece la idea de que los hechos se diferencian de la ficción, que la ciencia debe delimitar las fronteras de la religión, que la razón debe imponerse a la credulidad y que el «sexo biológico» debe diferenciarse del «género histriónico». En muy buena medida a ello contribuyó

---

[155] T. Laqueur, *op. cit.*, pág. 261.

el feminismo ilustrado criticando el «género histriónico» que las mujeres estaban obligadas a representar. De la lección ilustrada del uso de la razón crítica frente a las creencias, el feminismo extrajo la conclusión, que sigue vigente en la actualidad, de que «nacer mujer» y «hacer-se mujer» son caracterizaciones ontológicas, esencialistas, propias de una cultura patriarcal. El feminismo se cargó de razones para luchar contra la normatividad de la identidad «ser mujer» o «hacer-se» mujer.

Toda normatividad se ampara en diversos grados de binarismo. Buena parte de la lucha feminista consistió en que los binarismos o dicotomías epistemológicas que el conocimiento humano es capaz de desplegar, y son muchos, no remitieran a una identificación sexual. Así, por ejemplo, las distinciones binarias, cultura/naturaleza, mente/cuerpo, producción/reproducción, público/privado, trabajo/casa, ambición/cuidado, independencia/dependencia o poder/ausencia de poder se adscribieron también en función del sexo: en el imaginario misógino, los varones representan lo relativo a la cultura, la mente, la producción, lo público, el trabajo, la ambición y la independencia; las mujeres son, por el contrario, expresión de la naturaleza, el cuerpo, la reproducción, lo privado, la casa, el cuidado, la dependencia y la ausencia de poder. En cierta medida los logros feministas se podrían medir por el grado de desidentificación alcanzado en una sociedad respecto al patrón dicotómico de conocimiento y su inadecuada correspondencia con los sexos: a mayor grado de desidentificación, mayores cotas de igualdad social. El feminismo, al analizar críticamente las relaciones sexo/género, pudo fundamentar que las diferencias anatómicamente derivadas del «sexo» no pueden acarrear diferencias inmutables; pero también la distinción sexo/género permitió al feminismo argumentar que la construcción social o cultural derivada del «género» es absolutamente una ficción reguladora que causa desigualdad.

Si la normatividad heterosexual reside en la ficción ontológica de la «diferencia sexual» como determinante de roles específicos para varones o mujeres, la normatividad queer (queernormatividad) reside en la ficción de que el «sexo» es absorbido por el «género». Ni los hechos, ni los datos de la naturaleza ni la ciencia, según postulados queer, definen el «sexo», solo «nuestras creencias sobre el género pueden definir nuestro sexo». El significado social dado a «las creencias de género», por parte de lo queer, se presenta como un mandato o «ficción reguladora» que genera sus propios binarismos, amén de devolvernos a tiempos premodernos. Así es que lo queer/transgénero en su versión «transfeminista», que critica las identidades fijas varón/mujer, establece, sin embargo, nuevas identidades fijas como cis/trans, hetero/homo, normalización/antinormalización, acuerdo/disidencia, estabilidad/precariedad, igualdad/diversidad, racista/racializada, excluyente/incluyente o hegemonía/proliferación, por señalar solo algunos de los binarismos queer de uso más extendido.

Como se afirma en el «Manifiesto Transfeminista-transfronterizo», se inventan «nuevas palabras y conceptos»[156], pero en el marco de una lógica binaria de finalidad impositiva. En el imaginario de la queernormatividad, varones heterosexuales y mujeres, muy especialmente si son blancas, representan la normalización, el acuerdo, la estabilidad, la igualdad, el racismo, lo excluyente y la hegemonía; por el contrario, las minorías sexuales y otros colectivos como las «otrxs, las sudakas, las femmes, lxs negrxs, lxs pobres, lxs abyectas, lxs perdidas, lxs perrxs, lxs brujxs, las malditxs, lxs indocumentxs, lxs marginadxs» se asocian a la antinormalización, la disidencia, la precariedad, la diversidad, el antirracismo, lo incluyente y la proliferación. Queda establecido que se

---

[156] Disponible en: https://sindominio.net/karakola/IMG/pdf_Manifiestofinal2.pdf.

transforma, se transmuta, se trastoca, se traspone la heteronormatividad por la queernormatividad.

A diferencia del feminismo que ha luchado contra la desidentificación de las mujeres con binarismos sociales, sexuales, políticos, culturales, religiosos, etc., el binarismo queer necesita de los binarismos sociales, sexuales, políticos, culturales y económicos para establecer paralelismos con sus «creencias sobre el género» y disidencias varias. En el siglo XIX, como ya referí, la heteronormatividad hizo de las mujeres seres polimorfos percibidas como melifluas damiselas u hombres con faldas, ángeles o demonios, vírgenes o putas, criadas o señoras, sueño del varón u obscenidad, imitadoras perfectas o naturaleza gatuna. En el siglo XXI, la queernormatividad nos convierte en seres polimorfos sin sexo: precarias, racializadas, disidentes, decoloniales, no binarias, neutras, antifascistas, anticarcelarias, transfeministas, transgeneracionales, transfronterizas, transgénero y un largo etcétera. Estamos obligadas a representar el papel de la diversidad, pero no podemos ser un ser humano «mujer».

La queernormatividad, mediante el uso frenético de las redes sociales, promueve la confrontación, la fragmentación y el rechazo. Hay un imperativo de transgresión inflamado solo por el deseo y la denuncia de todo lo que suene a normalización. De hecho, se ponen en cuestión los derechos adquiridos y consolidados, siendo irrelevante que las víctimas primeras sean las mujeres; pero también hay una explícita voluntad impositiva de resignificar a todo el mundo mediante la deconstrucción y la desprogramación cuyo objetivo final sea una nueva recolonización. Me resulta muy notable la idea de «re-colonizar», ya que queda implícitamente sugerido que hay colonialismos buenos y malos. El bueno es el que surge de la expansión de un virus y su contagio: su nombre es posmodernidad y relativismo moral.

De acuerdo con la queernormatividad, el conocimiento de la realidad, de lo que somos, de los hechos de experiencia reside en la subjetividad: origen y límite del conocimiento humano. Se procede, por ello, a la transmutación del saber por el sentir. De ahí que la principal disposición normativa ante cualquier tema o debate resida en el mandamiento queer: «nadie pueda hablar en nombre de otro». Pero tampoco puede hablar en nombre de principios, como la justicia social, ya que el sujeto es una construcción en desconstrucción: «Como construcción social que solo puede actuar de manera autorreflexiva, deconstruyéndose a sí mismo, el sujeto posmoderno solo puede actuar, no representar»[157]. Juego o simulacro, pero no deberíamos olvidar que a las mujeres nos cayó por disposición normativa el peor papel a representar. Y el juego puede ser potencialmente peligroso. La «ruleta rusa» de los debates cuando alguien, y siempre hay ese alguien, te dice taxativamente que no se puede hablar de prostitución, transexualidad, transgénero o de lo que sea porque las voces de las putas, transexuales, transgénero o lo que sea no están representadas. Estamos ante una nueva teoría del conocimiento, la epistemología del *face to face* o del «piel con piel» son los mandamientos queer. El patrón de «conocimiento subjetivo» sobre todo lo que acontece se articula por medio de una exaltada emocionalidad, utilizando principalmente las redes sociales como campo de batalla, sabiendo de antemano que la emocionalidad extrema, el victimismo o la manipulación son resistentes a la argumentación.

Los usos de la extrema y exaltada emocionalidad queer los percibimos fácilmente en la utilización de la expresión «fobia» que, como Amelia Valcárcel refiere, se emplea preferentemente para evitar la discusión: «Son barbacanas lingüísticas edificadas para evitar el debate implementando el miedo»[158].

---

[157] Donald Morton, «El nacimiento de lo ciberqueer», en Rafael Mérida Jiménez, *op. cit.*, pág. 120.
[158] A. Valcárcel, *Ahora, Feminismo, op. cit.*, pág. 244.

Y tiene su efectividad, ya que me consta que sectores del feminismo, en principio contrarios a los planteamientos queer, prefieren decantarse por el «perfil egipcio», y lo mismo sucede en el seno del colectivo LGTBI. El miedo se inocula mediante la acusación de «transfobia», pero la recurrencia constante al uso de esta palabra es imponer silencio y no plantear ningún argumento crítico. De hecho, «transfobia» y quien la usa denotan en buena medida el odio hacia quien realiza planteamientos críticos. «Transfobia» también es una palabra cargada de odio, y si además se acompaña del acrónimo TERF («feminismo radical transexcluyente»), el odio se materializa en acciones. Terf es algo más que un insulto; por las redes el odio se «recrea» en acciones, que sean fantasmáticas o se materialicen reflejan distintos grados delictivos. Es violencia extrema incitando a la acción: «Yo pego a las terfs», «rómpeles la cabeza contra el asfalto», «calla la puta boca», «cómeme la polla terf de mierda», «blancas terfs racistas de mierda», «pegar a una terf no es maltrato, es autodefensa», «a las terfs un tiro en la nuca y punto», y podría seguir porque el repertorio de violencia pasa por todas las modalidades imaginables. Pese al odio fanático, hay esperanza, porque toda imposición normativa beligerante revela sus contradicciones. La queernormatividad nos quiere imponer una realidad distópica. Contra la queernormatividad, rebeldía feminista.

La distopía transfeminista/queer/transgénero

La negación de evidencias no parece el modo más certero de acceder a la realidad. Si además se cree que la explicación de lo que somos se puede reducir a la sexualidad y la «identidad de género», el efecto de distorsión se amplifica. La ficción sobre la «identidad de género» produce distopías.

La transdesignación o el nuevo binarismo «cis/trans»

El feminismo nace de una rebelión: la rebelión de las mujeres a que alguien designe quién o qué somos, cómo debemos obrar, cuál es nuestro papel en la sociedad. En este sentido, buena parte de la lucha feminista ha consistido en abatir las designaciones sobre las mujeres y cómo debemos nombrarnos a nosotras mismas. Es una rebelión contra la construcción misma de las identidades sexuales y de género. Si además estas se fundamentan en parámetros subjetivos, los riesgos de exclusión y de confrontación son elevados. Ninguna construcción de identidad es meramente descriptiva. En la larga historia de la misoginia, las mujeres fuimos clasificadas como el «sexo débil», «bello sexo» o «menores de edad», y por ello, el acceso a los bienes sociales y la capacidad de acción ampliamente restringidos. Hoy nos produce el mismo estupor tener que aceptar una nueva clasificación de las mujeres como «cis» en oposición a «trans». La heterodesignación es sustituida por la transdesignación con iguales efectos impositivos y normativos para las mujeres. La paradoja es que la nueva resignificación de lo que seamos las mujeres procede de discursos progresistas que alientan la negación de vínculo alguno entre cuerpo, sexo y género.

Desde el transfeminismo/queer/transgénero se aboga por la utilización de los prefijos «cis» o «trans» para designar y clasificar a las personas. El prefijo «cis» proviene del latín y suele traducirse como «del lado» o «de este lado». En contraposición, el prefijo «trans» expresa «a través de», «más allá» o «al otro lado». Ahora bien, en su uso aplicado a las personas, se parte de la premisa de la «autopercepción de género» como criterio válido de clasificación de las personas. Así pues, el significado atribuido a «cis» y «trans» está viciado por juicios de valor o imposiciones normativas del tenor siguiente: «cis» se usa *como adjetivo* para designar a personas cuya *identidad de género asumida* coincide con aquella que se *les ha asignado* al nacer, en función de criterios normativos de *correspondencia* entre características del *denominado sexo biológico* y la *identidad de género.* Se refiere, pues, a *la conformidad de la autoidentificación* personal con respecto a la *identidad de género concedida* (por el aparato médico-jurídico-social)[159].

He indicado mediante cursiva cada una de las expresiones que revelan tanto un juicio de valor como una imposición. En primer lugar, ya de entrada, un adjetivo expresa una cualidad de la cosa o persona designada, por lo que clasifica a la cosa o persona mediante comparación. En segundo lugar, los juicios de valor utilizados no solo indican una evaluación subjetiva apresurada, sino que además expresan un sentido negativo, caso de palabras como «asignado», «denominado» y «concedida». Son juicios establecidos para mostrar desaprobación respecto al hecho objetivo de que las personas nacemos, salvo contadas excepciones, con un sexo determinado que no se asigna, meramente se registra. Pero además describen los intereses o puntos de vista personales de quienes defienden la creencia en la «identidad de género». La transdesignación se articula en torno a la imposición normativa de la «identidad de género». La dicotomía cis/trans impone un «género estamental», de suerte que admitir o no la identidad de género te adscribe a un determinado estamento social marcado por el generismo.

Según el credo transfeminista y queer, «cis» designa a las personas cuya identidad de género asumida coincide con aquella que se les ha «asignado» al nacer en función de criterios normativos. Significa, por lo tanto, conformidad entre la autopercepción o autoidentificación personal y la identidad de género asignada por la institucionalidad médica, jurídica y

---

[159] R. Lucas, M. Rosón y E. Ortega, *op. cit.*, pág. 82.

social. Por definición, «cis» se refiere a las personas que no se identifican como transexuales o transgénero. Por el contrario, «trans» refleja la diversidad de personas cuya identidad difiere de «la categoría género que se les ha asignado al nacer o de las expectativas sociales asignadas a la misma»[160]. La utilización del prefijo «trans» genera la utilización del antónimo «cis». Así, por ejemplo, «cis» significa «normalización», y «trans», ruptura: una persona «cis» siente apego a las normas mientras que la persona «trans», por el contrario, se proyecta en la subjetividad. El uso atribuido a «cis» y «trans» revela una obligatoriedad de adscripción a uno de los dos polos.

Tanto desde la heterodesignación como desde la transdesignación, el referente principal de designación serán las mujeres. La transdesignación, o nuevo orden sexual prescriptivo, anula la validez de la categoría sexo/género, que es sustituida por la de cis/trans, problematizando los cuerpos de las mujeres y generando una nueva oposición binaria. La transdesignación, como artefacto cultural, contribuye a estabilizar una nueva jerarquía sexual, problematizando qué o quién es mujer. El nuevo binarismo cis/trans, fundamentado en la identidad y la subjetividad, establece un marco comparativo mediante el cual realizar juicios de valor en detrimento tanto del feminismo como de las mujeres. Así, por ejemplo, la resistencia de las mujeres a la designación «cis» será una muestra de transfobia; no plegarse al reconocimiento jurídico de la identidad de género será «cissexismo», y recurrir al análisis crítico de la relación sexo/género para desvelar los mecanismos de desigualdad sexual será optar por un enfoque «cisnormativo». «Cis» significa, en definitiva, según la transdesignación, sostener la posición de privilegio de las mujeres no-trans, así como apuntalar la perspectiva de un feminismo hegemónico.

---

[160] *Ibíd.*, pág. 82.

La transdesignación aboca a la aceptación de cierto «determinismo identitario», condicionando aún más la vida de las mujeres. De hecho, la crítica al binarismo mujer/varón debilita que se pueda tomar conciencia de la opresión de las mujeres. El feminismo, por el contrario, insiste en afirmar que no hay identidades de género, sino mandatos de género que en algún momento de nuestras vidas internalizamos y que tenemos necesariamente que desaprender. La caracterización cis/trans, basada en la identidad de género, implicaría la atribución de distintos grados de legitimidad, acceso a derechos y reconocimiento. Por lo tanto, si se niega la categoría sexo, se niegan derechos específicos de las mujeres y el propio reconocimiento de nuestros cuerpos y nuestras vidas.

Borrar el «sexo» y a las mujeres: delirio y misoginia

En los relatos queer, el «sexo» no puede ser caracterizado como hecho biológico o «sexo natural». Y también se debe despojar al «sexo» de significado social, ya que la «lectura perceptiva» de los genitales es ideológica: «A las personas se les asigna socialmente un sexo al nacer con base en la percepción que otras personas tienen sobre sus genitales»[161]. Desde los postulados queer se afirmará que el significado social de «sexo» debe ser desplazado por otros campos de significación como el «género». Pero la pretensión última es usurpar el lugar ocupado por el feminismo. Así que lo queer se convierte en transfeminismo. ¿Y qué es el transfeminismo? Mi respuesta fácil es que el transfeminismo consiste en denominar «señoros» a aquellas feministas que no nos plegamos ni a la heterodesignación ni a la transdesignación, vengan dadas por los dioses o los posmodernos.

---

[161] Comisión Interamericana de Derechos Humanos, *op. cit.*, pág. 30.

Pero, al margen de todas estas diatribas, y sin perder el uso crítico de la razón, como feministas estamos obligadas a preguntarnos: ¿por qué la clase social, la raza y el «género» tienen significado social y el «sexo» no? Despojar al «sexo» de significado social es lo mismo que afirmar que la estratificación sexual no existe y que el feminismo es una invención sin base real alguna. Para que no haya margen de error en lo que quiero transmitir: imaginemos que alguien afirmara que la «clase social» carece de significado social; negaríamos entonces la estratificación y las desigualdades sociales y dejaríamos sin efecto la lucha del movimiento obrero; o supongamos que la «raza» carece de significado social: ¿podríamos entonces perseguir el racismo? El negacionismo sobre el «sexo» evita hacer frente a la verdad incómoda planteada por el feminismo: la pervivencia de la injusticia sexual. La injusticia sexual no se combate ignorando que el «sexo» sea un dato biológico, se combate no otorgando a datos biológicos disposiciones naturales de carácter o función social diferenciada.

Por otra parte, el generismo queer pretende implantar la disposición normativa de no utilizar la categoría «sexo» en leyes, informes, documentos o trato entre personas, por lo que la recurrencia al uso de eufemismos es constante. El uso de expresiones como «cuerpos sexuados» o «cuerpos feminizados» no puede ocultar el hecho, aunque la mala intención o la credulidad promueva su utilización, de que nos referimos al hecho indudable de que las personas nacemos con un sexo que se registra, no se asigna[162]. Así, por ejemplo, con motivo del décimo aniversario de los Principios de Yogyakarta, se elabora el documento YP+10 (Los Principios de Yogyakarta Plus 10), cuya

---

[162] Según la Organización Mundial de la Salud (OMS), solo el 1 por 100 de la población mundial presenta indefinición respecto a la combinación de órganos genitales, cromosomas, gónadas y hormonas. O sea, es intersexual, que inequívocamente no puede ser traducido en transgénero.

pretensión final es incluir nueve principios adicionales en los que, además de volver a enfatizar «las diversas orientaciones sexuales e identidades de género», se reconocen «las violaciones a menudo distintas que afectan a las personas» por sus «características sexuales». Nótese el uso de la palabra «personas». En el preámbulo de YP+10 se definen como «características sexuales»: «las características físicas de cada persona relacionadas con el sexo, incluidos los genitales y otra anatomía sexual y reproductiva, cromosomas, hormonas y características físicas secundarias que emergen de la pubertad»[163]. Un gran circunloquio para expresar la evidencia del «sexo». Si a ello añadimos el uso de «personas» para referirse a aquellas que sufren violencia por sus «características sexuales», parece que el empleo de eufemismos o expresiones impersonales solo pretende evitar referirse al «sexo» y no nombrar a las mujeres. Es evidente que el grupo social que sufre violencia por sus «características sexuales», en mayor amplitud y grado respecto a «minorías sexuales», somos las mujeres.

El relato queer ignora adrede el impacto político y las consecuencias de erradicar la categoría «sexo». La negación del «sexo» comporta la negación de la categoría «mujeres». La amenaza a la que nos enfrentamos como feministas es que la eliminación de la palabra «sexo» o «mujeres» se está haciendo realidad en leyes, informes o documentos elaborados tanto a nivel nacional como alentados por organismos internacionales como la ONU, por ejemplo. El ejemplo más extremo nos lo brinda Argentina con su propuesta de ley denominada «Asignación sexual compulsiva: eliminación de la categoría sexo en documentos y protección de la diversidad corporal»[164]. En el momento en que escribo, la ley se encuen-

---

[163] www.yogyakartaprinciples.org. Los Principios de Yogyakarta Plus 10, pág. 6.

[164] Disponible el articulado de la ley en: https://www.diputados.gob.ar/proyectos/proyecto.jsp?exp=7037-D-2018.

tra en trámite parlamentario. Pero me quiero detener en ella porque, independientemente de cuál sea su destino, no dudo de que será objeto de imitación en otros países. La secuencia política queer es la siguiente: primero, lograr a nivel nacional leyes de «identidad de género» para, posteriormente, amparándose en ellas, proceder a promulgar leyes de borrado de la categoría sexo. De ahí mi interés en describir esta ley, denominada «Asignación sexual compulsiva».

El objetivo de la ley es eliminar la categoría «sexo» de cualquier documento público o privado, ya que la noción de «sexo» es falsa: «La asignación jurídica y registral de un "sexo" es inexacta (falsa), irrelevante jurídicamente, arbitraria, invasiva, discriminatoria, inútil y confusa». Argumentan los redactores que «la falsa noción de sexo» ha derivado de la supuesta «naturalidad» del sexo, basándose en la biología y en paradigmas médicos/científicos. A su vez, nos hacen saber que el «sexo anatómico» es solo el producto de una lectura ideológica. Llegados a este punto de lectura de la ley, no puedo dejar de preguntar retóricamente: si el sexo es producto de una lectura ideológica, ¿podría ser posible una lectura ideológica que nos liberara a las mujeres de parir con dolor, sufrir preeclampsia, menstruar durante largos años de nuestra vida y la endometriosis asociada, padecer cáncer de mama o de útero y, por relajarnos un poco, tener celulitis? Frente a evidencias biológicas, científicas y médicas, los redactores de la ley basan su argumentación de «la falsa noción de sexo» en una única persona, Judith Butler. La propuesta queer de proliferación paródica de los estereotipos genéricos con fines subversivos va camino de dejar de ser subversiva para transformarse en norma legal. Ya describí que Butler, pretendiendo desnaturalizar el sexo, naturaliza el género. Afirmé además que la versión butleriana del género perpetúa la invisibilidad de las mujeres. Y esto se refleja de modo harto elocuente en la propuesta legislativa de eliminar la categoría «sexo» de todo documento público o privado.

Veamos con un poco de detenimiento el proceso de borrado de las mujeres. Dos son los principios rectores que inspiran la propuesta legal:

a) La noción de «sexo» es falsa; por lo tanto, también es falso el binomio varón/mujer.
b) Cuando un artículo de una ley «haga referencia a alguna falsa noción de sexo y/o género, esta debe entenderse comprensiva de toda persona sin distinciones».

Estos dos principios reguladores dan paso a un galimatías jurídico y lingüístico cuando aborda la cuestión de las acciones positivas (afirmativas en el texto). Más en el caso de las acciones afirmativas y las mujeres. Se afirma en el texto legal que las leyes o normas específicas para las mujeres, como criterios de paridad, dispositivos contra la violencia ejercida sobre ellas, edad de jubilación, son tan «excepcionales que no justifican todo el andamiaje jurídico para portar de manera visible pretendidos datos sobre las características sexuales de una persona». Si partimos de una perspectiva feminista, cabe oponer a esta afirmación que la «excepcionalidad» denota carencia de un país en legislar sobre igualdad. Los redactores de la ley insisten, por el contrario, en que los «pretendidos datos sobre las características sexuales» no justifican el andamiaje jurídico relativo a la igualdad, ya que niegan de antemano que el sexo sea la causa de la desigualdad e infrarrepresentación de las mujeres. Así, de un plumazo, los redactores de la ley erradican cualquier planteamiento crítico de las relaciones sexo/género, negando el primero y transformando el segundo en categoría constitutiva del yo. Niegan, pues, el feminismo como la teoría crítica de las relaciones sexo/género.

¿Qué deben hacer entonces las mujeres para denunciar la desigualdad estructural?, ¿cómo han de proceder para exigir acciones afirmativas? La respuesta que ofrece esta ley a las mujeres es producto, a partes iguales, del delirio y la misoginia.

Intentaré describirlo del mejor modo, aunque no es fácil por la opacidad lingüística utilizada para no nombrar de modo explícito a las mujeres. Se afirma en el texto que cuando un colectivo sienta que es discriminado, será suficiente una declaración jurada. En el caso de que ese colectivo se encuadre en aquellos que han sido adscritos «compulsivamente» a «la falsa noción de sexo o género», se les insta a que «el objeto de la declaración jurada no sea la pertenencia al falso binomio "mujer" sino simplemente declarar la pertenencia a un colectivo históricamente vulnerado por pautas machistas, hetero-patriarcales y hegemónicas».

Así que, como quien no quiere la cosa, el legislador nos propone a las mujeres que primero declaremos falsa la adscripción «mujeres». Después se nos sugiere, a las «sin nombre» a partir de ahora, que declaremos ser vulnerables por pautas machistas, heteropatriarcales y hegemónicas. Amén de no quedarme claro qué significa «pautas hegemónicas», no sé tampoco cómo denunciar el machismo que deriva de la creencia en que un sexo es superior a otro, ya que el sexo, como se nos informa, es una «falsa noción». Por otra parte, ¿cree el legislador que el patriarcado solo se reproduce en la heterosexualidad? Porque el patriarcado es una constante que puede expresarse tanto en personas heterosexuales como homosexuales, transexuales, transgénero o cualquier tipo o práctica sexual que nos queramos representar. Me imagino que ya habrán tomado nota de que a la palabra «igualdad» ni se la nombra ni se la espera. Somos vulnerables. De hecho, la vulnerabilidad se está proponiendo como alternativa a la idea de igualdad. Y a partir de ahora se nos dice explícitamente que las mujeres luchamos no contra la desigualdad, sino contra la vulnerabilidad mediante declaración jurada. A estas alturas a mí me suena que, con supuestos tintes progresistas, a las mujeres, una vez más, nos están pautando el camino. Estamos siendo puestas bajo tutela. ¿Nos vamos a dejar?

Pretendo resaltar el delirio y la misoginia de los textos queer. Comenzando por lo más delirante: la teoría queer centrada en la sexualidad, los cuerpos y el deseo niega, sin embargo, el sexo, convirtiéndose así en metafísica. Para ser más concreta, es una especie de nueva angelología dedicada a la naturaleza y ordenación de las subjetividades. Para la angelología queer, por ejemplo, la diferencia entre los ángeles buenos y los caídos radica en su manera de manifestarse; los ángeles de la identidad (los buenos) son capaces de tomar formas corpóreas por sí mismos, mientras que los ángeles caídos precisan del sexo para poder materializarse. Puede que a muchas personas les resulte excesiva esta comparación de la teoría queer con la angelología. Pero lo cierto es que me he limitado a hacer una transposición de la distinción establecida entre «ángeles de Dios» y «ángeles caídos» por parte de la angelología clásica: la diferencia entre los ángeles caídos y los ángeles de Dios radica en su manera de manifestarse, ya que los ángeles de Dios son capaces de tomar formas corpóreas por sí mismos mientras que los ángeles caídos precisan de la posesión de un cuerpo para poder materializarse. El «sexo anatómico» es una posesión malvada.

Quisiera hacer explícita también la misoginia perceptiva que subyace en describir a las mujeres como colectivo asociado a otras minorías, sean sexuales o de otro orden. Ya sé que el criterio cuantitativo puede no convencer, pero las mujeres somos más de la mitad de la población mundial. Las mujeres no somos un colectivo ni una minoría. Somos un grupo social, y además mayoritario en relación con el grupo social, de los varones. Esta es la única percepción pertinente que nos permite además establecer análisis comparativos y explicar cómo se lleva a cabo la interacción social. Análisis comparativos y relacionales, y no como quisiera la tópica misógina de grupos sociales opuestos. De acuerdo con lo expresado, el marco de la sexualidad puede ayudar a combatir la discriminación de minorías sexuales, pero es de todo punto insuficiente para explicar la carencia de expectativas para las mujeres. Cuando se pretende situar en el mismo nivel a mujeres y minorías sexuales, se está llevando a cabo un proceso de asimilación de las mujeres a las problemáticas específicas de esas minorías. Por ejemplo, si consideramos la patologización un indicador de discriminación sexual de la transexualidad, la argumentación de la despatologización no puede residir en patologizar a las mujeres, que es lo que sucede si erradicamos la categoría «sexo» o cuestionamos la atribución «mujer». El resultado es que la visibilidad de una minoría implica la «irrelevancia jurídica» de la mayoría social, las mujeres.

Si, por otra parte, la «falsa noción de sexo y/o género debe entenderse comprensiva de toda persona sin distinciones», estaremos dando cauce a cuestionar las políticas de igualdad específicas para las mujeres. Si no hay frontera alguna entre varón, mujer o personalidad transgénero, si las identidades son fluidas y dependen de la autopercepción, si el género es fruto de una elección y no de una imposición normativa, si en la explicación de la interacción social no cabe el análisis crítico de las relaciones sexo/género, entonces apenas hay resquicio alguno por el cual se pueda fundamentar la necesidad de articular políticas específicas para las mujeres. Si el sexo es irrelevante a nivel jurídico, todas las políticas para combatir la desigualdad estructural que las mujeres padecemos se tornan irrelevantes. Eliminar la categoría sexo como dato necesario de interpretación política, social y jurídica es un acto de misoginia.

Planteemos la cuestión desde la óptica de quien disfruta de todas las ventajas sociales: los varones. La eliminación de la categoría sexo difícilmente aminoraría la posición de ventaja social de la que disfrutan, ya que la discriminación por razón de sexo no ha marcado su horizonte vital. De igual modo que la prevalencia en el género autopercibido puede contribuir a reforzar la vivencia y creencia de los varones en cierta superioridad genérica respecto a las mujeres. Por otra parte, se argumenta que la «identidad de género» y la eliminación de la categoría sexo tienen por objeto hacer visible la diversidad corporal, pero lo que no se hace explícito es que se lleva a cabo a expensas de redefinir la anatomía femenina. El cuerpo de las mujeres es el gran campo de batalla: quién es mujer, qué es ser mujer, nacer mujer, hacerse mujer, y podría seguir hasta la náusea. Ahora bien, la soldadesca transgénero no muestra la misma vehemencia cuando a los varones se refiere. Diría más, no son objeto de batalla ni los varones ni sus atributos.

La «identidad de género», «autopercepción» o «género sentido» de unos pocos se nutre tanto de la «heterodesignación» como de la «transdesignación» de las mujeres. Y debido a ello, las mujeres entramos en la categoría de eslabón intermedio o de indefinición entre dos autopercepciones genéricas puras, los varones y los transgénero. Acrecentar la duda sobre la realidad del sexo y las mujeres sirve, a todo efecto, para no erradicar los mandatos de género. Para algunos varones, la «identidad de género», o «autodeterminación de género» o «autopercepción de género» —el nombre varía según el feminismo va desvelando las trampas—, es terreno abonado para disfrutar con legitimidad de la apropiación sexual y reproductiva de las mujeres. Para el caso de la personalidad transgénero/queer, cuya vocación última es la transgresión y la desestabilización, debe producir gozo extremo que la autopercepción se imponga a cualquier realidad biológica, antropológica o histórica; puedo imaginar el ego inflamado de la personalidad transgénero cuando en textos legales o informes se afirma: «personas con útero y capacidad para gestar, que no son mujeres». Tal parece que el útero es considerado artefacto cultural, y la «capacidad de gestar», una modalidad de producción de las que las personas se sirven gracias a su autopercepción. Es como si las mujeres y su cuerpo representaran un territorio listo para ser explorado por aguerridos aventureros. Y esto es misoginia.

La idea de las mujeres como eslabón intermedio entre dos autopercepciones puras, varones y transgéneros, nos devuelve a los tiempos de Galeno, pero con la salvedad de que, en vez de referirnos a «sexo único», hablamos de «género único». ¿Quién, en cualquier caso, es sujeto de redefinición anatómica? Las mujeres. En tiempos de Galeno y siglos posteriores se pensaba que las mujeres eran inversas a los varones, con los mismos órganos pero situados en lugares equivocados, y de ahí su imperfección. Para Galeno, por ejemplo, «el cuello del útero no era otra cosa que el pene vuelto hacia dentro, y el fondo del útero nada más que el escroto invertido»[165]. En el siglo XXI, tomando como pretexto proteger la diversidad corporal de intersexuales, transexuales y transgénero, se procede a redefinir la anatomía de modo similar a como se hacía en tiempos de Galeno. Veamos algunos ejemplos: en 2016, el partido verde británico se refiere a las mujeres como sujetos «no-varón» en una publicación en las redes sociales; en las leyes es recurrente la expresión de «personas gestantes» o «cuerpos gestantes»; otras, de peor jaez, se refieren a las mujeres como «seres menstruantes» o «personas sangrantes». Este tipo de redefiniciones es una violación cultural sistemática de las mujeres y su anatomía. Pero la amenaza principal es que encuentran acomodo en la legislación nacional e internacional.

Los datos reales sobre la población mundial de homosexuales, transexuales, intersexuales y transgénero no son del todo certeros. Si acotamos el campo a intersexuales, transexuales y transgénero, según la OMS nos estamos refiriendo al 0,3-0,6 por 100 de la población mundial. Cabe, pues, afirmar, parafraseando el texto de ley argentino para eliminar el sexo, que son tan «excepcionales que no justifican todo el andamiaje jurídico». El reconocimiento e inclusión de una minoría no puede suponer que más del 50 por 100 de la población mundial, las mujeres, sea objeto de resignificación e invisibilización. Negar el sexo y universalizar el género como liberador es un rotundo éxito del patriarcado, ya que la única

---

[165] L. Schiebinger, *op. cit.*, pág. 239.

certeza, como afirma Laqueur, es que el dolor y la injusticia tienen género «y corresponden a signos corporales del sexo»[166].

Ontología del género: generismo queer

El problema en la proliferación del uso del vocablo «género» es que se ha transformado en un concepto prescriptivo de la configuración del yo, la voluntad y el deseo sin incidir en los aspectos críticos de cómo se asumen las identidades, se modelan las voluntades o se establecen los deseos. El concepto «género» ha degenerado en mera aceptación de una pluralidad genérica por parte de la teoría queer, como elemento desestabilizador. En este sentido, lo queer mantiene una actitud de total aceptación de individualidades determinadas por la «identidad de género». Pero ¿qué sucede cuando la pluralidad genérica reniega de la categoría mujeres? El exceso de confianza hacia la autodeterminación de género y la posición de ambigüedad respecto a la vindicación de igualdad están conformando nuevas prácticas para invisibilizar a las mujeres y socavar los cimientos del feminismo. Por ello feminismo y teoría queer/transgénero son teorías antagónicas. El feminismo considera que «nacer» mujer y «hacer-se» mujer son caracterizaciones ontológicas propias de una cultura patriarcal. Lo queer/transgénero, por el contrario, estima que el «sexo» es una construcción y que el «género» puede elegirse. Este constructivismo extremo sobre el significado otorgado al «género» es «generismo» que alcanza el culmen en la noción de «identidad de género».

La categoría «género» ha transmutado de su uso descriptivo, que ayudaba a entender y criticar cómo se configuraban

---

[166] T. Laqueur, *op. cit.*, pág. 41.

los roles sociales, a un uso prescriptivo, esto es, de la configuración del yo. El uso prescriptivo del género pasa a ser el único determinante que explica lo que somos, la voluntad y el deseo. Pero «género» como prescripción tiene un uso regulativo de las mismas proporciones que «naturaleza». Es tan insuficiente, por totalizante, como los que apelan a la naturaleza o leyes de la naturaleza para explicar nuestros yoes o lo que debemos hacer. La ontología de género o generismo queer desbarata en muy buena medida las luchas colectivas y acaba por ser una teoría centrada en la individualidad: de lo «personal es político» del feminismo pasaríamos al postulado «lo político es lo personal», que, asociado a la expresividad del deseo y la carencia de límites, nos adentra en la distopía sexual/reproductiva de la prostitución y la práctica del alquiler de vientres. Y acabará por legitimar prácticas heterosexuales u homosexuales lesivas para las mujeres.

La ley del deseo y el «régimen gestocéntrico»

El cuerpo es en el relato queer el principal catalizador de los procesos de identificación que conforman la subjetividad y el deseo. Toda teoría sobre los cuerpos necesariamente ha de remitir a una teoría de la identidad y el deseo, por lo que no será suficiente con politizar la identidad, identidad de género, sino que también hay que politizar el deseo, el deseo como producción y no carencia. El deseo produce realidad:

1. Ayuda a entender la subjetividad como resistencia que explora nuevos territorios.
2. Se expresa en el nomadismo de género que asume el deseo como lo que es, cambiante y fluido.

La teoría lúdica posmoderna es la clave para entender este posicionamiento queer respecto a la identidad y el deseo.

Así, por ejemplo, la identidad de género es interpretada como deseo de ser o de encarnar, abriendo, así, nuevos espacios de identificación. El relato queer fetichiza el deseo, le da autonomía. Los poderes casi mágicos otorgados al deseo como fuerza impulsora contribuyen a descontextualizar el deseo. No cabe realizar análisis crítico, sino que el deseo debe expresarse sin impedimento alguno:

> Por este motivo, los teóricos Queer entienden que los deseos no podemos ni reinventarlos, ni resistirlos, ni rechazarlos, ni perseguirlos, ni superarlos, solo podemos disfrutarlos. El deseo es una necesidad codiciosa, un apetito urgente de adquirir y consumir hasta la satisfacción[167].

Los deseos, pues, han de ser socialmente articulados: el marco de referencia política son las preferencias personales, por lo que se muestran proclives a las tesis neoliberales.

El neoliberalismo es, ante todo, una teoría de prácticas político-económicas que afirma que la mejor manera de promover el bienestar del ser humano consiste en no restringir el libre desarrollo del mercado y de las libertades empresariales. En el plano individual, su alcance se deja sentir al establecer que la libertad de elección es garantía suficiente para dirimir entre oferta y demanda. La errónea suposición neoliberal de que los mercados tienden a autorregularse se aplica también a escala individual, ya que cada persona se basta a sí misma para determinar el alcance de sus elecciones prácticas. Pero lo cierto es que las personas, como los mercados, más que respetar mecanismos de regulación obedecen a comportamientos impulsivos por los que transforman apetencias y deseos en necesidades imperiosas. Mientras que un marco normativo señala límites a nuestras preferencias, la aserción dogmática

---

[167] Susana López Penedo, *El laberinto queer,* Madrid, Egales, 2008, pág. 54.

de la «libre elección» permite que no tengamos que pensar en las consecuencias de nuestras decisiones. En síntesis, el neoliberalismo explota favorablemente los conceptos de «libertad individual» y «elección», imposibilitando acuerdo alguno sobre sobre lo correcto o lo incorrecto de las acciones; promueve, además, que las elecciones prácticas motivadas por «accidentes biográficos» no tengan por qué adaptarse a principio o ley alguna. La noción de libertad individual, propia del neoliberalismo, está regida por los dictados de la utilidad, el interés y el deseo. Y esta noción de libertad es también la propia de los relatos queer/transgénero. La libertad neoliberal y la teoría queer contribuyen a la construcción de un sujeto egocéntrico, liberado de la responsabilidad de considerar que sus preferencias o experiencias vitales pueden desembocar en mecanismos de desigualdad.

Como ya expresé, en el contexto neoliberal asimétrico y de defensa a ultranza de la libertad de elección, las mujeres pierden. La conciencia interiorizada de la libertad o libertad negativa no deja de ser una libertad precaria que además promueve la desaparición de cualquier obligación mutua: la libertad precaria es deficiente porque participa de una concepción negativa de la justicia en la que toda pretensión legal en términos de justicia social o sexual es percibida como un ataque o bloqueo a la propia subjetividad. En la defensa acérrima de la libre elección, la igualdad se entiende como mero juego de intercambios entre personas, bien sean debidos a una decisión individual o resultado de una relación contractual. Al concebir la igualdad como sinónimo de intercambio, será la propia interacción entre personas la que legitime una práctica. La fascinación por la «libre elección» y el «intercambio» evita así el análisis de las causas y consecuencias posibles derivadas de determinadas prácticas sociales. El «intercambio libre» es el principal recurso para validar el «negocio sexual y reproductivo» que suponen tanto la prostitución como la práctica del alquiler de vientres. Por el contrario, un enfoque crítico y feminista de la realidad nos desvela que los valores de la libertad individual, asociada a mejoras económicas o materiales y satisfacción de deseos individuales, pueden no ser compatibles con los valores de la justicia sexual. Por ello, si es absurdo y corrosivo presentar cualquier elección o decisión que tome una mujer como acto feminista, es igualmente absurdo y corrosivo suponer que el consentimiento u obligaciones contractuales legitiman cualquier práctica.

Veamos con mayor detenimiento las posiciones encontradas entre transfeminismo/queer y feminismo político en lo relativo a la práctica del alquiler de vientres. La práctica del alquiler de vientres se resume en un «contrato de subrogación» por el cual una mujer se compromete a gestar un embrión para luego entregar al recién nacido a terceras personas, renunciado así al derecho fundamental de filiación. Los argumentos favorables a regular dicha práctica derivan de tres premisas básicas en los planteamientos queer:

1. La práctica del alquiler de vientres es una manifestación de la idea de deseo como producción. Para el caso, el deseo expresado de «ser padres» o decisión voluntaria de las personas de reproducirse.
2. La negación de la biología como hecho evidente deriva en que la capacidad reproductiva de las mujeres debe ser entendida como trabajos de su propio cuerpo, esto es, «trabajo reproductivo».
3. Si la capacidad reproductiva es trabajo reproductivo, entonces la filiación no puede estar determinada por el parto y el acto de nacimiento, sino por la intención expresada de ser padres, filiación intencional o volitiva.

Así pues, una regulación favorable a la práctica del alquiler de vientres sería coherente con la consideración de la maternidad o paternidad como deseo, desvinculada de la biología, convirtiendo el embarazo y el parto en trabajo reproductivo. Por ello, los datos meramente biológicos no deben impedir estas nuevas formas de maternidad o paternidad. Más aún, son criticadas abiertamente las rígidas regulaciones del campo reproductivo por primar lo biológico a lo volitivo, por lo que una regulación favorable a esta práctica quebraría la rigidez reproductiva. Los argumentos queer sostienen, al más puro «esencialismo constructivista», que la maternidad es una construcción social asociada, además, a relaciones de parentesco «heterocentradas». Una regulación favorable a la práctica del alquiler de vientres favorecería la ruptura con los esquemas clásicos de parentesco y de filiación y sería idónea para «la supervivencia política de las contraculturas sexuales»[168].

Partiendo del «esencialismo constructivista», el relato queer equipara maternidad a «gestación subrogada», atribuyendo a esta última unas características liberadoras que no estarían presentes en la maternidad *per se*. La práctica del alquiler de vientres permite la disociación del embarazo de la maternidad, desestabilizando las normas sexuales: «Las posibilidades abiertas por la disociación entre gestación y maternidad sitúan a esta técnica reproductiva en una posición única a la hora de exponer y desestabilizar las normas sexuales y de género»[169]. ¿Cuál es la norma sexual y de género que hay que desestabilizar? El reconocimiento de la filiación.

En el proceso de reproducción humana, las mujeres son imprescindibles en todas sus fases. La capacidad de transformar los gametos femenino y masculino en un embrión, después en un feto y ya en avanzado embarazo en un ser humano para después parirlo corresponde por entero a las mujeres. Los planteamientos transfeministas/queer rechazan que el de-

---

[168] Pablo Pérez Navarro, «¿Es la reproducción siempre ya heterosexual?», *Encrucijadas,* vol. 17, 2019, 2. Disponible en: http://www.encrucijadas.org/index.php/ojs/article/view/491.

[169] *Ibíd,* pág. 2.

recho fundamental de filiación para las mujeres sea determinado por el embarazo y el parto. Hay autores que afirman que la determinación de filiación en las mujeres por embarazo y parto es un «régimen gestocéntrico de la filiación»[170]. Para que nos entendamos, la capacidad reproductiva de las mujeres y el derecho a la filiación son tildados de «gestocentrismo». Creo que a nadie se le escapa el uso peyorativo que contiene la expresión «régimen gestocéntrico de filiación» y, como consecuencia, la minusvaloración que se otorga al continuo embarazo-parto-filiación. Las mujeres, así pues, debemos renunciar a un derecho porque en el constructivismo queer no tienen cabida los procesos biológicos del embarazo y el parto. Peor aún se plantea como exigencia la disociación del embarazo y la maternidad como si tuvieran lugar en un no-cuerpo, en un no-yo.

Resulta bastante demoledor constatar que las personas que defienden la identidad de género para una minoría sexual aboguen, por el contrario, por la disociación para las mujeres ante la experiencia vital del embarazo y el parto. La característica de una práctica o fenómeno disociativo consiste en el distanciamiento de la realidad, de la experiencia física y emocional. La exigencia de disociación reproductiva para las mujeres produce alienación, esto es, que sienta como ajeno el feto, que la criatura parida pueda ser transferida y que no se reconozca como la persona sin la cual nada es posible. Sin

---

[170] *Ibíd*, pág. 8. A su vez, otras autoras asocian la práctica del alquiler de vientres a libertad corporal: «En este sentido, las reivindicaciones relativas al aborto libre y gratuito, la normalización del trabajo sexual (concepto diferente a la trata), la despatologización de los cuerpos y las identidades trans, el acceso a las TRA y las más recientes en relación con la donación de óvulos y la gestación subrogada son luchas que comparten, a mi modo de ver, la demanda feminista (y queer) de la autonomía y de la libertad corporal» (Gracia Trujillo), «"Mi cuerpo es mío". Parentalidades y reproducción no heterosexuales y sus conexiones con otras demandas», *Viento Sur,* 146, junio de 2016, 67.

circunloquio alguno, en la defensa de la práctica del alquiler de vientres se sostienen como mecanismos válidos la disociación y alienación de las mujeres. Sin embargo, la exigencia de disociación reproductiva no se extiende a los varones o masculinidades, ni por supuesto a los potenciales beneficiarios de la obtención de un recién nacido. Paradójicamente, la identidad de género contribuye a crear el deseo de reproducirse a costa de promover prácticas alienantes para las mujeres.

Así pues, un enfoque crítico y feminista de la realidad nos desvela que los valores de la libertad individual, asociada a mejoras económicas o materiales y satisfacción de deseos individuales, pueden no ser compatibles con los valores de la justicia sexual. Son las consecuencias de un acto voluntario, consentido y contractual lo que ha de ser objeto de análisis feminista: ¿pueden los deseos individuales equipararse a los derechos?, ¿podemos otorgar validez a un contrato cuya cláusula principal exige la renuncia a un derecho?, ¿podemos dar por válida la figura jurídica del «consentimiento libre» si está viciada de antemano por la necesidad económica? Para el feminismo hay prácticas que son denunciables *per se* y por sus consecuencias, que apenas son objeto de reflexión cuando se anteponen los deseos a los derechos. El alquiler de vientres es un buen ejemplo de una práctica denunciable en sí misma por la cosificación y mercantilización del cuerpo de las mujeres. Y también por las consecuencias, esto es, una relación contractual no puede basarse en la renuncia irrevocable a un derecho, el derecho de filiación. Esbozaré algunas de las razones esgrimidas desde el feminismo:

a) La única finalidad del «contrato de gestación subrogada» es asegurar la renuncia del derecho de filiación que corresponde a la madre, garantizando así la filiación y custodia en exclusiva a los subrogantes o «padres intencionales». La renuncia al derecho de filiación implica, a su vez, la pérdida de derechos del recién nacido en lo relativo al derecho a la identidad y vínculo familiar. Por ello, el «contrato de subrogación» vulnera la idea de dignidad humana, ya que la criatura recién nacida es objeto de una transacción contractual y comercial y quebranta el derecho a la integridad física y moral de las mujeres. Por otra parte, como la filiación se determina sobre la base del consentimiento contractual, previamente otorgado antes de iniciar el proceso de transferencia embrionaria, blinda la posibilidad de impugnar. La mujer que consiente no puede impugnar, anulando su propia autonomía reproductiva sobre el futuro inmediato. Es un contrato abusivo.

b) El feminismo es contrario a un embarazo y un parto sometidos a cláusulas contractuales y condiciones impuestas por terceras personas. La prohibición de abortar o la regulación favorable del alquiler de vientres condena a las mujeres a ser tuteladas por terceras personas. Si las mujeres hemos vencido el modelo de feminidad virginal expresada en el «hágase en mí según tu voluntad», tampoco aceptamos el modelo de maternidad neoliberal que rezuma en el «hágase en mí según tu contrato». Por otra parte, las capacidades humanas son intransferibles. Así pues, la capacidad reproductiva de las mujeres es un todo indivisible que no se puede trocear a gusto del consumidor: el útero, por un lado, y el desarrollo fetal y la criatura que genera, por otro, como si fueran realidades independientes sin conexión alguna. La posición favorable a regular la práctica del alquiler de vientres considera a las mujeres seres fragmentados, y como tales sus defensores creen tener derecho a apropiarse de aquellas partes del cuerpo de las mujeres que les permitan satisfacer sus deseos. Creer que el cuerpo de las mujeres se puede atomizar es un certero indicador de prácticas alienantes.

c) La libertad no puede ser esgrimida como «valor absoluto» si conculca el reconocimiento de derechos fundamentales de las mujeres. Los derechos no se pueden ceder, ni vender, son inalienables. El límite a la «libertad individual» es que no puede ser invocada para avalar una práctica contraria a los derechos reconocidos a todas las mujeres. Descrito de otro modo, el deseo de reproducirse no equivale a la atribución de un hijo/a por cualquier medio. Por otra parte, el derecho a la libertad no legitima el uso o destino que las personas quieran hacer de su cuerpo ni legitima la apropiación del cuerpo de las mujeres. Nadie puede ni debe prestarse a ser medio para que terceras personas satisfagan sus meros deseos.

En la práctica del alquiler de vientres concurren los suficientes elementos para definirla como práctica alienante y como explotación: apropiación de las capacidades reproductivas de las mujeres a beneficio de terceras personas; la ganancia de los padres intencionales (un recién nacido) es pérdida de la madre; no hay principio de imparcialidad: alguien obtiene derechos que a otros les son revocados. En definitiva, el deseo de ser padres es magnificado comercial y publicitariamente y acaba por convertirse en un imperativo egoísta. El egoísmo genético, como ya defendiera la sociobiología, se solapa muy oportunamente mediante mecanismos de compensación económica o proclamas sobre el altruismo de las mujeres. Pero ni la compensación económica ni el supuesto altruismo evitan la explotación reproductiva: toda compensación económica es compatible con la explotación, ya que ni la vida ni los derechos son cuantificables; a su vez, la desigualdad tiene su arma más efectiva en la doctrina del autosacrificio o altruismo y allana el camino para la explotación.

La entelequia del feminismo «heterocentrado» y «hegemónico»

Para el feminismo, «género» designa una regulación estructural, que afecta de modo diferente a varones y mujeres, derivada del sistema patriarcal. Desde una perspectiva feminista, el análisis crítico de las relaciones sexo/género desenmascara la propia estructura patriarcal. Describir críticamente las relaciones sexo/género es el camino para erradicar la subordinación de las mujeres. Sin embargo, para el pensamiento queer, esta posición de partida del feminismo es inadmisible, ya que vincula «sexo» y «género» a una misma estructura de poder, no supone ruptura alguna del binomio mujer/varón y acaba reforzando la heterosexualidad normativa.

Lo queer sostiene que la lucha feminista basada en la crítica a las relaciones sexo/género y la normatividad heterosexual convierte al feminismo en «heterocentrado». La falacia argumentativa del planteamiento queer se hace patente si analizamos otras luchas bajo el mismo prisma simplificado: así, por ejemplo, el movimiento obrero, al centrar su lucha contra los privilegios burgueses y una estructura de poder basada en las clases sociales, bien podría acabar siendo designado como «burguescentrado», o la lucha de las minorías étnicas, como «etnocentrada». El relato queer cuestiona el objetivo de la lucha feminista como si la causa de la desigualdad estructural no residiera en las relaciones sexo/género y en los mandatos de género. Lo que no queda claro en la propuesta queer es a qué se debe, entonces, la desigualdad de las mujeres. Para cerrar el círculo del callejón sin salida al que nos llevaría la propuesta queer, se insiste además en que el objetivo «igualdad de derechos» es un objetivo asimilacionista, esto es, una mera integración en el orden social normalizado.

No creo que haya que remarcar el carácter peyorativo de la palabra «asimilación», por lo que el objetivo «igualdad» es también denigrado. Por el contrario, lo queer se describe a sí mismo como antiasimilacionista y transgresor, opuesto a cualquier objetivo pro derechos: «La política queer es básicamente antiasimilacionista, renuncia a la lógica de la integración en la sociedad heterosexual y se emplaza en un lugar decididamente marginal»[171]. El pensamiento queer, dado el afán de situar en el centro del debate la sexualidad y las identidades sexuales transgresoras, marginales y antinormalización, parte del supuesto de que toda ruptura con el molde heterosexual supone la quiebra del sistema patriarcal. De ahí el recurso constante a expresiones como «heteropatriarcado» o «cisheteropatriarcado», que, repetidas machaconamente, contribuyen a crear el espejismo de que el sistema patriarcal solo se reproduce desde la heterosexualidad. La realidad desmiente este supuesto porque el patriarcado no cabe reducirlo solo a la heterosexualidad. También se reproduce en las minorías sexuales, como he intentado describir a lo largo de estas páginas.

El transfeminismo/queer acepta la lógica de la multiplicidad identitaria como estrategia de desestabilización, y el feminismo es analizado también bajo el prisma identitario. La lógica identitaria precisa de la exclusión y la confrontación. Resulta penoso constatar que ciertos «feminismos» están más preocupados por remarcar las diferencias entre las mujeres que por combatir la desigualdad y los mecanismos de opresión. Acuñan para ello la expresión «feminismo hegemónico». El relato simplificado y compartido de quienes suponen una hegemonía feminista consta de las siguientes claves:

1. Lugar de origen: Estados Unidos. Durante la década de los ochenta, el feminismo cultural estadounidense coincide con el feminismo europeo de la diferencia en la idea de que las mujeres «como mujeres» comparten

---

[171] D. Córdoba, J. Sáez y P. Vidarte, *op. cit.*, pág. 44.

una común identidad. Afirman que la diferencia sexual no debe ser abolida, sino reconocida. Remarcar las diferencias entre mujeres y varones es positivo. Son planteamientos feministas identitarios y esencialistas.
2. Mismo lugar: Estados Unidos. Grupos de mujeres negras, lesbianas, chicanas y «tercermundistas», en expresión de Mohanty, critican los derroteros del feminismo cultural académico por la apropiación de la identidad «mujer». Consideran que el academicismo cultural oculta o invisibiliza las diferencias entre las propias mujeres. El feminismo cultural parte de generalizaciones equivocadas a partir de la situación de algunas mujeres. Por lo tanto, para dar voz a las excluidas, hay que incluir otros ejes de diferencia, como la raza, la clase, la etnicidad y la opción sexual. La identidad y la diferencia son las categorías a partir de las cuales politizar «las diferencias entre mujeres».
3. El feminismo político de la igualdad, de escaso recorrido en Estados Unidos por esas fechas (administración Reagan), oponía a los planteamientos culturales procedentes del academicismo estadounidense que tanto la identidad, «ser mujer», como la «diferencia entre mujeres» debían encuadrarse en las estructuras sociales de dominación derivadas de las relaciones sexo/género. Las cuestiones abordadas por el feminismo político en aquel momento fueron, entre otras: la crítica al esencialismo implícito en el feminismo de la diferencia y cultural, la feminización de la pobreza, la denuncia del techo de cristal, la representación equilibrada de los sexos en las esferas público-políticas y la defensa de los derechos sexuales y reproductivos.
4. Consecuencia imprevista: tanto el feminismo cultural como los planteamientos feministas de mujeres de color, lesbianas, chicanas y «tercermundistas» coinciden

en tomar la «identidad» y la «diferencia» como categorías prevalentes de análisis. La confrontación inicial entre feministas culturales o de la diferencia y feministas procedentes de minorías raciales, étnicas o sexuales comienza a desdibujarse, ya que recurren por igual a las tesis posmodernas y al multiculturalismo para avalar sus planteamientos. La crítica al universalismo, al sujeto, a los proyectos políticos comunes basados en el ideal de justicia y el énfasis en la identidad/diferencia motiva que a la larga el foco crítico se desplace hacia el feminismo político de la igualdad.

Y a partir de esta secuencia, el debate que nace en el contexto específico de Estados Unidos se viraliza y modula para adaptarlo a una imaginación desbocada. Surge la entelequia de un «feminismo hegemónico». En sintonía con las tesis posmodernas, la crítica a la Ilustración deriva en el rechazo a la propia historia feminista. La afirmación de que la vindicación feminista nace durante el periodo ilustrado es tildada de eurocentrismo. Por ende, las feministas que no reniegan de la herencia ilustrada representan el «feminismo hegemónico»: ilustrado, blanco, heterosexual, institucional y estatal. El enemigo ha sido creado. Las mujeres herederas del feminismo ilustrado encarnan, a su vez, los peores vicios de la modernidad, la colonización. Así pues, el feminismo no heterocentrado ni hegemónico, excéntrico, lo simbolizan las mujeres racializadas, las lesbianas, las indígenas, esto es, aquellas mujeres que no se corresponden con el paradigma moderno, según se describen a sí mismas.

Cuando la identidad y la diferencia son asumidas como posicionamientos estratégicos, inevitablemente dan lugar a errores perceptivos: el primer error sería transformar un debate de origen y de significado académico y social restringido a la propia problemática estadounidense en explicación de aplicación general. Deberíamos como conclusión, al menos, mantener cierta distancia crítica respecto a determinados debates procedentes de Estados Unidos; pero, lejos de eso, la gran paradoja es que quienes se refieren a la entelequia de un feminismo hegemónico se pliegan a la imposición cultural doctrinaria estadounidense. Un segundo error es caracterizar al feminismo político de la igualdad como «esencialismo», cuando en realidad ese etiquetado se correspondería con los planteamientos del feminismo cultural y de la diferencia. Debemos preguntarnos entonces: ¿por qué la persistencia en el error de atribución? Porque reconocer el error de caracterización del feminismo de la igualdad pondría de manifiesto que quienes se refieren a un supuesto feminismo hegemónico son quienes tienden a sustancializar y romantizar la identidad/diferencia, desentendiéndose de las relaciones de poder y los mecanismos de subordinación imperantes tanto en contextos culturales específicos como en los distintos grupos humanos. Tercer error: describir como hegemónico el feminismo político evita tener que abordar el problema de fondo, reconocer la opresión de las mujeres como estructural. Es evidente que en todas las culturas y contextos históricos es reconocible una jerarquía de estatus en la que lo masculino y el valor atribuido a la masculinidad son hegemónicos y lo femenino es subordinado.

Por último, y a modo de conclusión, la desigualdad de mujeres y varones es una constante universal y, como afirma S. M. Okin, «las teorías surgidas en contextos occidentales pueden aplicarse claramente, al menos en gran parte, a las mujeres que se desenvuelven en contextos culturales muy diferentes»[172]. A veces las violaciones de los derechos de las mujeres se amparan en normas culturales y tienen lugar en contextos culturales específicos. ¿Podría denunciar el infanti-

---

[172] S. M. Okin, «Desigualdad de género y diferencias culturales», en C. Castells (comp.), *Perspectivas feministas en teoría política,* Barcelona, Paidós, 1996, pág. 203.

cidio femenino, la mutilación genital, las muertes debidas a la dote, los matrimonios obligatorios de niñas, las pruebas de virginidad y la trata de mujeres sin que por ello sea tildada de feminista hegemónica? ¿O debo callar? Como feministas debemos rebelarnos contra los etiquetados imaginarios o la imposición de silencio.

De la igualdad sexual al control sexual
de la minoría queer

La «identidad de género» remite exclusivamente a la propia subjetividad y, según se define, queda desligada de cualquier ámbito relacional. La expresividad de la subjetividad y la diversidad corporal son entendidas por el relato queer como producciones culturales sin mayor referencia a condiciones materiales o los mecanismos de poder implícitos en la construcción de la propia subjetividad. Por ello en la perspectiva queer no cabe referirse a categorías como «mujeres» u «homosexualidad» como base natural a partir de la cual llevar a cabo una acción política.

De ahí que los postulados queer sean más críticos con el feminismo que con el propio sistema patriarcal. La pretensión última es transmutar el feminismo en transfeminismo o feminismo queer. Lo queer/transfeminista necesita un espacio de confrontación y cree encontrarlo tanto en la crítica de la heterosexualidad como en la crítica abierta a los postulados del feminismo político de la igualdad: «una llamada a problematizar ciertas formas de feminismo que, pensábamos, no querían dialogar con lo queer, con lo trans, con lo porno, con lo puto, con lo ciborg...»[173]. Partiendo de los cuerpos y la se-

---

[173] Miriam Solá, «Introducción», en VV.AA., *Transfeminismos. Epistemes, fricciones y flujos, op. cit.,* pág. 22.

xualidad, en supuesta intersección con las categorías de raza o clase, procede a deconstruir el feminismo, dejando relativamente al margen el sistema patriarcal.

Pero el marco de la sexualidad, los cuerpos y el deseo nos ofrece de por sí una visión bastante limitada de la realidad, más aún si, como hace lo queer, se reduce a ofrecer un mapeo de las identidades e ignora por completo el análisis de las relaciones de poder. En el relato queer es creencia extendida que la proliferación de identidades supone una quiebra *per se* de los mecanismos de poder, pero lo que realmente deviene es pura opacidad para desvelar los mecanismos por los que transita la desigualdad. Me gustaría pensar que es producto de la ingenuidad suponer que la mera afirmación de múltiples identidades supone una quiebra de la desigualdad, pero cuando constato que la referencia a la identidad de género se queda en mera afirmación del «yo soy» o «yo siento», sin análisis alguno de cómo se adquiere esa identidad, sé entonces que estoy ante una lectura absolutamente arbitraria, ideológica y clasista. El cuerpo, la sexualidad y el deseo se convierten en el referente por antonomasia de la identidad y la subjetividad, pero es una construcción ficticia, ya que la construcción de la identidad no depende de la «vivencia íntima», sino de las interacciones sociales a partir de las cuales vamos configurando, modificando y alterando, con altibajos porque no es un proceso fluido, lo que somos. La «identidad de género» como «vivencia íntima» carece de significado social, es vacía. Es mera producción cultural o estética para regocijo o solaz de quienes disfrutan de antemano de ciertas ventajas sociales de clase.

Será precisamente la ausencia del marco relacional en lo queer/transfeminista lo que sea objeto de crítica del feminismo. Desde una lectura crítica feminista podemos afirmar que la «subjetividad» es la nueva categoría a partir de la cual se materializa la exclusión e irrelevancia jurídica de las mujeres, al igual que en el siglo XIX operaron en contra de las mujeres las categorías de «individuo» o «clase». Si bien el feminismo rechaza la identidad «ser mujer», no rechaza en absoluto la categoría «mujeres» como referencia de un grupo social en lucha contra la desigualdad presente en las relaciones sexo/género. De la articulación política del feminismo, en torno al genérico emancipador «mujeres», se han derivado categorías, señalando solo algunas de las más significativas, como «jerarquía sexual», «esclavitud o intercambio de mujeres», «control sexual de las mujeres», «explotación sexual y reproductiva», «división del trabajo en función del sexo», «brecha salarial», «feminización de la pobreza», «violencia contra las mujeres» y el más totalizador, en términos políticos, la toma de conciencia de «las relaciones sexo/género».

Todas ellas remiten a un ámbito relacional por el cual las mujeres se encuentran en posición de desventaja social. Nos sirven, a todos los efectos, para acotar el campo de análisis a circunstancias concretas en donde, además, la situación de clase o de raza se hallan presentes. Es mala fe o déficit de lecturas feministas suponer, por ejemplo, que ante la categoría «esclavitud o intercambio de mujeres» el feminismo político no ha mencionado la raza, ya que, desgraciadamente, los procesos de esclavitud están indisociablemente unidos a la idea de la «diferencia racial», como ya vimos a la hora de explicar el siglo XIX. Es más, sufragismo y movimiento antiesclavista van de la mano en el proceso emancipador del siglo XIX. Si tomamos la categoría «explotación sexual o reproductiva de las mujeres», no creo que a nadie se le escape que el feminismo político de la igualdad ha argumentado que la apropiación sexual o reproductiva de las mujeres se encuentra vinculada de modo inexorable a la situación de clase, las necesidades económicas y la situación racial. Paradójicamente, la teoría queer, que se refiere de modo constante a la interseccionalidad entre sexo, raza y clase, es, sin embargo, favorable a reconocer la prostitución como trabajo o regular la práctica del alquiler de vientres. Esto es, lo queer/transfeminista se «siente» a gusto con el modelo de «apropiación sexual y reproductiva de las mujeres», que tiende a mantener viva la desigualdad de sexo, de raza y de clase. Este tipo de posicionamientos revelan realmente las limitaciones de una teoría indiferente al análisis del poder.

En el relato queer/transfeminista, los cuerpos, la sexualidad y el deseo se hallan vinculados a la subjetividad, pero se nos fuerza a creer que esa subjetividad, vivencia íntima, elige sin coacción cultural alguna o está libre de ejercer autoridad y refrendar mecanismos de poder patriarcal. Para lo queer, todo debe ser objeto de desconfianza menos la subjetividad, a la que por el mero hecho de proceder de la autopercepción se la considera libre de reproducir pautas patriarcales. Realmente es un sinsentido, así que al feminismo le conviene y mucho desmenuzar las pautas patriarcales que anidan en la expresividad de los cuerpos, en la sexualidad y el deseo.

Tomemos por un momento el marco del deseo. No encontraremos en las posiciones queer/transfeministas nada parecido a una reflexión crítica de los límites del deseo, y, sin embargo, el deseo en múltiples situaciones o prácticas sexuales también refleja un acto de poder. Si despojamos al deseo de todo análisis contextual, quién lo encarna preferentemente y por qué, fetichizamos el deseo o, peor aún, puede parecernos muy oportuno elevarlo a norma jurídica. El salvoconducto falsario con el que justificar el deseo vendrá de la mano del uso casi obsceno del indeterminado jurídico del «consentimiento», que se aplica a modo de «velo de ignorancia» para no considerar circunstancias sociales, económicas, culturales o raciales de quien supuestamente concede. Se pretende que la mera formulación del «yo deseo» no tiene por qué significar coacción, apropiación o poder, pero sería tanto como admitir que, por ejemplo, en el espacio íntimo de pareja no hay relaciones de poder o que el mero deseo liquida relaciones abusivas en el marco contractual, como sería el «contrato de subrogación», o que el deseo no se debe a «preferencias adaptativas»: miles y miles de mujeres desean o «prefieren» aquello que culturalmente están obligadas a escoger.

A su vez, en el relato queer/transfeminista no encontraremos ningún análisis de la sexualidad y los cuerpos en relación con la autoridad: «quien tiene poder para decidir *quién es/ hace y consigue qué, dónde y cómo*»[174]. Si nos referimos a la pornografía, por ejemplo, cómo es posible que apenas se cuestione la relación explícita entre violencia y humillación de un cuerpo, el de las mujeres, con la excitación sexual. De hecho, la relación entre violencia y excitación sexual es casi una representación icónica en la pornografía. Por otra parte, ¿es o no es la pornografía la escuela de educación sexual de nuestros varones jóvenes? Una pregunta sin respuesta. ¿Puede o no puede contribuir la pornografía a la normalización del varón como agresor? Silencio queer. ¿A través de la pornografía se puede llevar a cabo la construcción del deseo sobre el cuerpo de las mujeres? ¿Sí o no? ¿Puede ser la fantasía sexual territorio abonado para ejercer violencia contra las mujeres? Son cuestiones fáciles, pero la perspectiva queer se desentiende de ofrecer respuesta. Quizá sea debido a que las posibles respuestas obliguen a enunciar críticamente que el territorio de la subjetividad no es garantía en absoluto de igualdad y justicia sexual.

Pero planteemos más preguntas que requieren respuesta. ¿Se puede hablar de cuerpos, autoridad y sexualidad sin abordar cómo en las sociedades actuales se reproducen los mecanismos de alienación? Más aún, el hecho de que alguien afirme que hace algo voluntariamente ¿convierte la «voluntariedad» en requisito suficiente para afirmar que una práctica no es alienante?, ¿puede la supuesta «voluntariedad» de una persona imponerse al análisis crítico de los mecanismos de poder implícitos en determinadas prácticas? Evidentemente, la respuesta a estas cuestiones ayuda a situar en el justo marco la

---

[174] Anna G. Jónasdóttir, *op. cit.*, pág. 56.

práctica del alquiler de vientres y la prostitución. Lo queer apenas se pronuncia, y si lo hace es justo en sentido contrario al feminismo.

Prosigamos con la cuestión de las violaciones y la violencia contra las mujeres. Si tomamos como factor de explicación el mero criterio de la subjetividad, estaríamos reduciendo la explicación de la violencia y sus variadas formas contra las mujeres a causas de orden psicológico; pero no creo que nadie dude a estas alturas que las diversas formas de violencia contra las mujeres se explican de modo más pertinente analizando cómo transita el poder en una cultura patriarcal, qué tipo de autoridad se revela en prácticas sexistas, cómo incide la educación sexual en el comportamiento de las personas, cuál es el cuerpo que se presenta como objeto de deseo y a quién se representa como «consumidor» de ese cuerpo. Violencia y mecanismos de poder son indisociables.

Cuando no se ofrece respuesta crítica a los mecanismos de poder implícitos en determinadas situaciones o prácticas, se contribuye a alimentar la estratificación social y sexual; que sea de tinte ultraconservador o de supuesto carácter progresista al feminismo le es indiferente. El objetivo del feminismo es erradicar la injusticia social y sexual de las mujeres mediante el análisis de poder implícito en «las relaciones sexo/género». El feminismo tiene como tarea explicar cómo opera el sistema de poder sociosexual llamado patriarcado y como objetivo su erradicación completa. Por ello el feminismo está obligado a describir pormenorizadamente que el deseo como construcción cultural tiene como referente preferente de cosificación a las mujeres. Está obligado a señalar que las «preferencias adaptativas» de mujeres acuciadas por necesidades económicas las destina a ser objeto de consumo sexual o reproductivo. El feminismo no puede mostrarse indiferente a indicar cómo se reproducen los mecanismos de poder desiguales en una relación afectiva. Ha de explicar que deseos y derechos no son equivalentes y que, en cualquier situación o práctica, los deseos no pueden prevalecer sobre los derechos. Desde el feminismo se ha argumentado que la «voluntariedad» o el «consentimiento» pueden entenderse como los nuevos mecanismos de alienación, subjetivos o contractuales, de la producción cultural del deseo. Por ello la propia producción queer/transfeminista limitada a la sexualidad, los cuerpos y el deseo es de todo punto insuficiente para explicar la desigualdad estructural de las mujeres y los factores de su opresión.

Le llaman feminismo y no lo es: «solipsismo sexual»

La teoría queer no es una teoría del poder, es una teoría de la identidad subjetiva o, para ser más precisa, una «ontología de la subjetividad». Considera que el marcador «género» es más progresivo que el de «sexo», ya que el «género» se revela en el yo, la psique y la sexualidad. Pero el marco autorreferencial o solipsista es por definición excluyente. Metafísica y solipsismo se entrecruzan. El espejismo individualista del «yo me siento» aplicado al territorio de la sexualidad deriva en lo que denominaré «solipsismo sexual» o «egocentrismo». La metafísica solipsista afirma que la única garantía de certeza es el propio yo, por lo que se convierte en irrelevante determinar qué tipo de relación es la que establece un «yo» con otros «yoes». Si combinamos «solipsismo» y «sexualidad», solo existe la subjetividad. La unión entre subjetividades no está motivada por nociones compartidas de justicia sexual o social o por la consecución de la igualdad; la unión entre subjetividades nace de «afinidades voluntarias», no importa mucho qué signifique esta expresión, ya que todo ha de quedar en el reino de lo difuso:

> Cada cual descubre que yo soy yo, y que ser yo es mi única ley. En este momento, hay tantos géneros como personas, o muchos más, puesto que cada persona puede evo-

lucionar en el entendimiento de su subjetividad. En el siguiente momento, las personas podemos unirnos por afinidades voluntarias, que, en materia sexual, hacen de los géneros conjuntos voluntarios y difusos[175].

La afirmación de que «hay tantos géneros como personas» y que la interacción entre géneros-personas es difusa, o sea, poco clara, es un perfecto ejemplo de aporía solipsista. El yo subjetivo y lo difuso de las relaciones ayudan a legitimar cualquier tipo de práctica, sea esta justa o injusta, digna o indigna, de dominio o sumisión. Por ello el «solipsismo sexual» se configura como una teoría sobre la sexualidad que parte de supuestos diametralmente opuestos a los enunciados desde el feminismo. Así, por ejemplo, para el «solipsismo sexual», la «autodeterminación sexual» es un fin en sí mismo, aunque ello suponga considerar el propio cuerpo como un bien de mercado y no establecer límite alguno para lo que se pueda comprar o vender; por el contrario, para el feminismo, las preferencias individuales no pueden suponer un lastre para el logro social de la justicia sexual ni excusa para aceptar que no hay límite en lo que se pueda comprar o vender. A su vez, el «solipsismo sexual», al asentarse sobre la experiencia subjetiva del deseo sin limitación posible, degrada el ideal de dignidad humana; para el feminismo, por el contrario, la dignidad de las mujeres es un principio inalienable. Por último, el

---

[175] Conjuntos difusos, «El feminismo no-binarista: transfeminismo» (conjuntosdifusos.blogspot.com.es). A su vez, Elenora Lamm, favorable a la regulación de la práctica del alquiler de vientres, se expresa en idénticos términos: «Ya no se puede afirmar que hay dos sexos. Pero, además, de los supuestos sexos no se desprenden los géneros, sino que el género es independiente del sexo. De esta manera, hay tantos géneros como identidades, y por ende tantas identidades de género como personas». Eleonora Lamm, «Identidad de género. Sobre la incoherencia legal de elegir el sexo como categoría jurídica», *Actualidad Jurídica Iberoamericana,* IDIBE, núm. 8, febrero de 2018, pág. 234.

«solipsismo sexual» que opera con el concepto de «identidad de género» promueve, en cierta medida, la aceptación fatalista de una realidad jerarquizada que apenas se puede alterar; por el contrario, el feminismo desafía rotundamente las jerarquías de estatus basadas en las construcciones culturales en torno al género por muy diversas y variadas que sean estas.

Algunos de los estudios *queer/transfeministas* o *feminismo queer* sobre la sexualidad, partiendo de la inmutable sentencia «somos lo que nos apetece»[176], se encuadran en una metafísica de corte solipsista que «molestando, repensando y resignificando» no altera un ápice las estructuras de poder ni de dominio. La utilización del sufijo «feminista» o «feminismo» revela que el verdadero objeto del solipsismo sexual queer/transfeminista es molestar, reformular y resignificar el feminismo para adaptarlo al territorio de la subjetividad. Siguiendo la lógica solipsista, habría «tantos feminismos como personas», y debido a esta multiplicidad, deberíamos aceptar nuestra incapacidad para determinar si las relaciones entre subjetividades son justas o injustas: el recurso a la subjetividad como criterio último anula cualquier planteamiento crítico. Por ello el solipsismo sexual que subyace en determinados posicionamientos queer/pos/porno/transfeministas es un hijo pelín transgresor pero totalmente consentido de la familia «neoliberal».

Lo queer/transfeminista, al tomar como eje discursivo al microindividuo sexualizado, aboca a las personas a un plano de existencia precrítica y prepolítica, ya que los referentes identitarios y las reglas que rigen sus comportamientos están elaborados a partir de las demandas en cada situación. Esta existencia sin andamiajes en torno a la idea de «bien común», «respeto» o «dignidad» conduce a la aceptación de prácticas que son lesivas para la dignidad de las mujeres o directamente

---

[176] Disponible en: http://paroledequeer.blogspot.com/2012/03/manifiesto-para-la-insurreccion.html, «Manifiesto para la insurrección transfeminista».

ponen en situación de riesgo derechos consolidados. El solipsismo sexual queer/transfeminista, al tomar como únicos referentes de acción la construcción de la subjetividad, el deseo y la identidad individual, contribuyen a borrar, al igual que el neoliberalismo, toda memoria de la igualdad social. Por si no cupiera duda alguna, asocian la vindicación de igualdad y el derecho a la igualdad a pautas de asimilación. Nadie declara ser «solipsista sexual» (suena feo), pero lo son todas las personas que anteponen la libre elección, el deseo o el «yo me siento» a cualquier consideración ética y jurídica o los deseos individuales a los derechos sociales. Operan en el seno del feminismo y de la izquierda como un troyano, como nos recuerda Amelia Valcárcel, que inficiona o corrompe los planteamientos feministas y de izquierdas, «sin atender causa ni método, con la sola voluntad de revolver el agua»[177].

El espejismo «trans»

En la utilización estratégica de la identidad, «trans» es el término paraguas para dar cuenta de las personas transexuales, travestis y transgénero. También es usado para designar un feminismo transincluyente, aceptación de la realidad «trans», frente a un feminismo transexcluyente que además es caracterizado por la neolengua mediante juicios de valor que denoten negatividad: transexcluyente, hegemónico, heterocentrado, cisnormativo y el sinfín de palabros que han ido apareciendo a lo largo de estas páginas. «Trans» es utilizado como arma arrojadiza y estrategia de confrontación directa con el feminismo. Permite que sea absolutamente redefinido en función de los cambiantes contextos políticos y también de las cambiantes identidades.

---

[177] Amelia Valcárcel, *Ahora, Feminismo, op. cit.*, pág. 260.

Pero el uso de «trans» también deja tras de sí un rastro de ocultación, el significativo borrado de la transexualidad. El uso de «trans» impide ver la divergencia de agenda de las personas transexuales y las personalidades transgénero. Para la teoría queer/transgénero, las transformaciones corporales, intervenciones quirúrgicas o tratamientos médicos no determinan la identidad de género. Incorporar una perspectiva de «identidad de género» implica que la noción de transexualidad sea matizada por el concepto transgénero. Para lo queer, transgénero es más inclusivo que transexualidad, ya que las personas transexuales se reconocen en la lógica binaria. Si lo queer criticaba las ansias de normalización de lesbianas y gais, también crítica las ansias de normalización de la persona transexual. Transexualidad y transgénero no significan lo mismo. La disputa existente es ocultada mediante el genérico «trans».

Conviene describir las diferencias que no se hacen explícitas. «Trans» significará, para unos, defensa de lo genéricamente híbrido y poshumano (personalidad transgénero), y para otros, aceptación de la lógica binaria (transexualidad). Así pues, transgénero hace referencia al conjunto de transgresiones de género que pretenden ir bastante más allá de la identidad transexual. La personalidad transgénero exagerará el esencialismo de género para cruzar precisamente las fronteras del género y presentarse como transgresor. Concibe el cuerpo como maleable, susceptible de múltiples transformaciones, cuyo fin más evidente es la transgresión por la pura transgresión. La personalidad transgénero «no considera necesario establecer una correspondencia entre sexo y género mediante transformación corporal»[178]. Por el contrario, la transexuali-

---

[178] Gerard Coll-Planas, *La voluntad y el deseo. Construcciones discursivas del género y la sexualidad: el caso de trans, gays y lesbianas,* Barcelona, Universidad Autónoma, 2009, págs. 16-17.

dad estaría referida a «aquellas personas que entienden que la no correspondencia entre sexo y género requiere modificar su cuerpo mediante hormonación y cirugía»[179]. La diferencia, pues, entre transexualidad y personalidad transgénero no radica, donde de modo inconsciente o intencionadamente se suele situar, en si ha habido o no modificación corporal, sino en la correspondencia sexo/género. Lo queer/transgénero, al no creer que haya correspondencia sexo/género, ni binarismo de género, jugará con la identidad de género, sus variaciones, sentires y fluideces hasta el más completo histrionismo. El histrionismo es lo contrario a la normalización. La persona transexual, por el contrario, sentirá como carencia la propia ausencia de correspondencia entre sexo y género.

Hay, por lo tanto, una disputa evidente:

> Para las personas que se expresan en el debate virtual desde una posición transexual, el problema no es solo que el discurso transgénero contradiga los fundamentos en que se basa la categoría transexual, sino que, mediante la utilización de la categoría trans, se trate de usurpar la voz del conjunto del colectivo[180].

La incomodidad no solo surge por el hecho de pretender unir dos realidades distintas mediante el genérico «trans», sino porque los discursos de las personas transgénero son percibidos como ataques e intentos de usurpación. La principal crítica a lo queer/transgénero se centrará en que tienden a jerarquizar las identidades de género para dar prioridad a la fluidez, la transgresión y el fin del binarismo de género. Así pues, la negación de datos biológicos y la performatividad

---

[179] *Ibíd.*, pág. 16.
[180] Gerard Coll-Planas y Miquel Missé, *La identidad en disputa. Conflictos alrededor de la construcción de la transexualidad,* en http://dx.doi.org/10.5565/rev/papers.637, ISSN 2013-9004 (digital), 2015, pág. 46.

butleriana brindan a la personalidad transgénero la posibilidad de encarnar una multiplicidad genérica. Puesto que todo descansa en la subjetividad, la personalidad transgénero afirmará que ser mujer o varón no se desprende necesariamente de una anatomía femenina o masculina.

En definitiva, lo queer/transgénero genera más dudas y suspicacias en el colectivo transexual de las que nos son transmitidas públicamente. Ahora bien, también es cierto que muchas personas transexuales, sobre todo las que ostentan ciertas posiciones de privilegio o han completado la transición, adoptan una perspectiva queer/transgénero. Asumirían, pues, la tesis de que la identidad de género se fabrica, por lo que el sujeto transexual real desaparece. De ahí la supresión de la palabra «transexual» en varios informes de la ONU y en leyes que promueven la identidad de género, como por ejemplo la ley catalana de 2014[181]. A su vez, las personas transexuales que se suman a la teoría queer/transgénero se muestran absolutamente favorables a la agenda queer en lo relativo a la regulación de prácticas sexuales como la prostitución o prácticas reproductivas como el alquiler de vientres. Me parece que

---

[181] Ley 11/2014, de 10 de octubre, para garantizar los derechos de lesbianas, gays, bisexuales, transgéneros e intersexuales y para erradicar la homofobia, la bifobia y la transfobia. La sucinta referencia a la transexualidad en el texto de la ley queda explicada del modo siguiente: «La presente ley utiliza el término "transgénero" para referirse a las personas que se sienten del sexo contrario al que se les ha atribuido al nacer según sus características biológicas y a las personas que no se identifican exactamente ni con un hombre ni con una mujer según la concepción tradicional de los géneros, todo ello independientemente de que estas personas se hayan sometido o no a una intervención quirúrgica. Las personas transexuales, pues, quedan incluidas dentro de la denominación de personas transgénero. Así mismo, la transexualidad está incluida dentro de la denominación genérica "transidentidad", que designa la condición o calidad de transgénero». El activismo transgénero en Cataluña está muy consolidado, y además es alentado por distintas instituciones políticas.

este dato es lo suficientemente significativo para que sea tenido en cuenta a la hora de explicar los motivos de fondo de la asunción de lo queer/transgénero por parte de determinadas personas transexuales.

En este último caso, me resulta fascinante constatar cómo en el seno del colectivo LGTBIQ se sortea la discusión sobre el «ser mujer» en relación con la transexualidad y la personalidad transgénero, pero la trasladan al ámbito feminista exigiendo una respuesta que a toda costa ese mismo colectivo evita. A mi modo de ver, la cuestión de quién es mujer, más o menos mujer, es una falsa polémica; alentada oportunamente desde el paradigma queer/transgénero, ya que si reina la confusión es más fácil proceder al borrado de las mujeres en las propuestas legislativas, formativas o de otra índole. Asistimos al borrado de las mujeres día a día: el recurso a expresiones como «cuerpos gestantes», «aparato reproductor gestante», «persona gestante», «progenitor que da a luz», «cuerpos menstruantes» o «personas sin próstata» tiene por objeto no utilizar la categoría «mujeres». La pretensión de erradicar el binarismo muestra un celo exagerado en la redefinición, anatomía y procesos fisiológicos de las mujeres, pero no busquen idéntico celo a la hora de referirse a la redefinición, anatomía y procesos fisiológicos de los varones. La omisión de la categoría «mujeres» solo puede satisfacer al ego histriónico de una personalidad transgénero.

Neolengua y distopía: a modo de epílogo

Las palabras vacías, las referencias huecas, las frases hechas, el recurso al eslogan y el uso de eufemismos son adormideras que evitan la perspectiva crítica. El encadenamiento de artificios lingüísticos cuyo significado tiene que ser descifrado porque no es inteligible sirve para defender lo indefendible. Cuando los usos del lenguaje buscan la polarización para promover adhesiones inmutables, entramos en territorio distópico. Cuando además los hechos son negados y se sustituyen por creencias, entonces la distopía se ha hecho realidad. Toda distopía fabrica su neolengua, cuya finalidad, como ya afirmara Orwell, es limitar el alcance del pensamiento y estrechar el radio de acción.

A lo largo de las páginas de este libro hemos podido comprobar cómo lo queer/transgénero/transfeminista fabrica y abusa de una neolengua que los caracteriza: cis/trans, transincluyente, heteronormatividad, heteropatriarcado, cisheteropatriarcado, cissexismo, cisnormatividad y también las propias de queer, transgénero y transfeminismo. La distopía queer, como he trazado, huye de toda evidencia, niega la categoría «sexo» y la de «mujeres», quiebra todo vínculo entre el cuerpo, el sexo y el género para afirmar como única realidad inmutable la subjetividad. En la neolengua queer no hay palabras para la ciencia, la justicia, el saber médico o la biología, ya que son referencias anticuadas y normativas. La epistemología del conocimiento se reduce a la experiencia vital y subjetiva. Las contradicciones flagrantes carecen de importancia. Lo queer/transgénero/transfeminista tiende a la polarización generando nuevas dicotomías: cis/trans, hetero/homo, normalización/antinormalización, acuerdo/disidencia, estabilidad/precariedad, igualdad/diversidad, racista/racializada, excluyente/incluyente o hegemonía/proliferación. Establece así una nueva jerarquía estamental que buscando la confrontación pretende, a su vez, promover adhesiones inmutables. Del lado bueno de la nueva jerarquía estarán las personas: racializadas, disidentes, decoloniales, no binarias, neutras, antifascistas, anticarcelarias, transfeministas, transgeneracionales, transfronterizas, transgénero y un largo etcétera. Del lado malo, quienes no se plieguen a esta nueva jerarquía sociosexual.

El recurso y proliferación de la neolengua queer/transfeminista/transgénero impone una nueva construcción normativa, pero no logra ocultar la misoginia. Negar el biologicismo no puede desembocar en abrazar acríticamente el constructivismo cultural. Ambos caminos nos llevan al más puro esencialismo. A la mera idea de que existe una identidad femenina o una identidad de género, el feminismo responde con el análisis crítico de cómo se han llevado a efecto las «heterodesignaciones» y también de cómo se llevan a cabo las «transdesignaciones». Una perspectiva feminista considera inadmisible la construcción de identidades a la carta, según ocurrencia de la subjetividad, más si de su imposición se deriva el sistemático borrado de las mujeres. El feminismo lucha contra la creación de «bandas sonoras» dirigidas principalmente contra las mujeres y el feminismo político de la igualdad. Para el feminismo, ni la biología es destino ni la construcción cultural una horma para las mujeres. Contra la distopía queer, rebeldía feminista.

Bibliografía

Amorós, Celia, *Tiempo de feminismo. Sobre feminismo, proyecto ilustrado y postmodernidad,* Madrid, Cátedra, 1997.
Bauman, Z., *La sociedad sitiada,* Buenos Aires, FCE, 1999.
Bebel, A., *La Mujer,* Barcelona, Fontamara, 1876.
Bedford, G. S., *Lecciones clínicas de las enfermedades de las mujeres,* Madrid, Imprenta de José M. Ducazcal, 1864. Disponible en: https://hdl.handle.net/2027/ucm.5324300991.
Bell, Daniel, *Las contradicciones culturales del capitalismo,* Madrid, Alianza Editorial, 1977.
Bessières, Yves, y Niedzwiecki, Patricia, «Las Mujeres en la Revolución Francesa», *Cuadernos de Mujeres de Europa,* núm. 33, Comisión de las Comunidades Europeas, enero de 1991.
Butler, J., *El género en disputa. El feminismo y la subversión de la identidad,* Barcelona, Paidós, 1999.
— *Mecanismos psíquicos del poder,* Madrid, Cátedra, 2001.
Cabral, Mauro, «La paradoja transgénero», en C. F. Cáceres *et al., Sexualidad, Ciudadanía y Derechos Humanos en América Latina,* Lima, IESSDEH/UPCH, 2011.
Cohen, D., *La prosperidad del mal,* Madrid, Taurus, 2010.
Coll-Planas, Gerard, *La voluntad y el deseo. Construcciones discursivas del género y la sexualidad: el caso de trans, gays y lesbianas,* Barcelona, Universidad Autónoma, 2009.

Coll-Planas, Gerard, y Missé, Miquel, *La identidad en disputa. Conflictos alrededor de la construcción de la transexualidad.* Disponible en: http://dx.doi.org/10.5565/rev/papers.637, ISSN 2013-9004 (digital), 2015.

Comisión Interamericana de Derechos Humanos, *Violencia contra personas LGBTI,* 2015.

Conjuntos difusos. «*El feminismo no-binarista: transfeminismo*» (conjuntosdifusos.blogspot.com.es).

Córdoba, D., «Teoría queer: reflexiones sobre el sexo, la sexualidad e identidad. Hacia una politización de la sexualidad», en David Córdoba, Javier Sáez y Paco Vidarte (eds.), *Teoría queer. Políticas bolleras, maricas, trans, mestizas,* Madrid, Egales, 2005.

Córdoba, D.; Sáez, J., y Vidarte, P. (eds.), *Teoría queer. Políticas bolleras, maricas, trans, mestizas,* Madrid, Egales, 2005.

Cuatro mujeres en la Revolución Francesa, Buenos Aires, Biblos, 2007.

Dahl, R. A., *La democracia y sus críticos,* Barcelona, Paidós, 1992.

Darwin, Ch., *El origen del hombre,* Valencia, F. Sempere y Cía, 1909 (digitalización en: https://www.omegalfa.es).

— *El origen del hombre y la selección en relación al sexo,* Madrid, Edaf, 1991.

De Lauretis, T., «La tecnología del género», en *Technologies of Gender. Essays on Theory, Film and Fiction,* Londres, Macmillan Press, 1989.

Dworkin, R., *La democracia posible,* Barcelona, Paidós, 2008.

Faludi, Susan, *Reacción. La guerra no declarada contra la mujer moderna,* Barcelona, Anagrama, 1991.

Figes, Eva, *Actitudes patriarcales,* Madrid, Alianza Editorial, 1972.

Flax, J., *Psicoanálisis y feminismo. Pensamientos fragmentarios,* Madrid, Cátedra, 1995.

Fraser, N., *Fortunas del feminismo,* Quito, Traficantes de Sueños, 2015.

Gamson, Joshua, «¿Deben autodestruirse los movimientos identitarios? Un extraño dilema», en Rafael Mérida Jiménez (ed.), *Sexualidades transgresoras. Una antología de estudios queer,* Barcelona, Icaria, 2002.

Giddens, A., *Más allá de la izquierda y la derecha,* Madrid, Cátedra, 2000.

— *Un mundo desbocado,* Madrid, Taurus, 2000.

Gil, Silvia L., *Nuevos feminismos. Sentidos comunes en la dispersión,* Madrid, Traficantes de Sueños, 2011.

Harding, Sandra, *Ciencia y feminismo,* Madrid, Morata, 1986.
Harvey, D., *Breve historia del neoliberalismo,* Madrid, Akal, 2007.
Historia de las mujeres, tomo IV, Madrid, Taurus, 1993.
Honneth, A., *El derecho de la libertad. Esbozo de una eticidad democrática,* Madrid, Katz, 2014.
Irigaray, Luce, *Yo, tú, nosotras,* Madrid, Cátedra, 1992.
James, Henry, *Las bostonianas,* Barcelona, Seix Barral, 1993.
Jáuregui, G., *La democracia planetaria,* Oviedo, Nobel, 2000.
Jónasdóttir, A. G., *El poder del amor,* Madrid, Cátedra, 1993.
Kierkegaard, S., *In vino veritas,* Madrid, Guadarrama, 1976.
— *Diario de un seductor,* Barcelona, Ediciones 29, 1989.
Kymlicka, W., *Filosofía política contemporánea,* Barcelona, Ariel, 1995.
Lamm, Eleonora, «Identidad de género. Sobre la incoherencia legal de elegir el sexo como categoría jurídica», *Actualidad Jurídica Iberoamericana,* IDIBE, núm. 8, febrero de 2018.
Laqueur, T., *La construcción del sexo,* Madrid, Cátedra, 1990.
Lerner, Gerda, *La creación del patriarcado,* Barcelona, Crítica, 1990.
Locke, *Dos ensayos sobre el gobierno civil,* Madrid, Espasa, 1997.
López Penedo, Susana, *El laberinto queer,* Madrid, Egales, 2008.
Mérida Jiménez, Rafael M. (ed.), *Sexualidades transgresoras. Una antología de estudios queer,* Barcelona, Icaria, 2002.
Miyares, A., *Democracia feminista,* Madrid, Cátedra, 2003.
Morton, Donald, «El nacimiento de lo ciberqueer», en Rafael Mérida Jiménez (ed.), *Sexualidades transgresoras. Una antología de estudios queer,* Barcelona, Icaria, 2002.
Naciones Unidas, *Informe de la Cuarta Conferencia Mundial sobre la Mujer,* Pekín, 4 a 15 de septiembre de 1995. Disponible en: https://www.un.org/womenwatch/daw/beijing/pdf/Beijing%20full%20report%20S.pdf.
Nietzsche, *Más allá del bien y del mal,* Madrid, Alianza Editorial, 1985.
Nussbaum, M., *Las fronteras de la justicia,* Barcelona, Paidós, 2007.
Okin, S. M., «Desigualdad de género y diferencias culturales», en C. Castells (comp.), *Perspectivas feministas en teoría política,* Barcelona, Paidós, 1996.
ONU, *Informe del Experto Independiente sobre la protección contra la violencia y la discriminación por motivos de orientación sexual o identidad de género,* abril de 2017.
Orwell, G., *1984,* P/L@, 2000.

Pateman, Carol, *El contrato sexual,* Barcelona, Anthropos, 1995.
Pérez Navarro, Pablo, «¿Es la reproducción siempre ya heterosexual?», *Encrucijadas,* vol. 17, 2019. Disponible en: http://www.encrucijadas.org/index.php/ojs/article/view/491.
Platero, R. Lucas; Rosón, M., y Ortega, E. (eds.), *Barbarismos queer y otras esdrújulas,* Barcelona, Bellaterra, 2017.
Puleo, Alicia H., *La Ilustración olvidada. La polémica de los sexos en el siglo XVIII,* Barcelona, Anthropos, 1993.
— *Ecofeminismo para otro mundo posible,* Madrid, Cátedra, 2011.
PutaBolloNegraTransFeminista. Disponible en: http://tnt-transtornados.
Rodríguez Magda, Rosa María (ed.), *Sin género de duda,* Madrid, Biblioteca Nueva, 2015.
— *La mujer molesta,* Madrid, Ménades, 2019.
Rousseau, J.-J., *Discurso sobre el origen y los fundamentos de la desigualdad entre los hombres,* en *Obras selectas,* Madrid, Edimat, 2000.
Rubin, Gayle, «Reflexionando sobre el sexo: notas para una teoría radical de la sexualidad», en Carole S. Vance (comp.), *Placer y peligro; explorando la sexualidad femenina,* Madrid, Talasa, 1989.
Sáez, Javier, *Teoría queer y psicoanálisis,* Madrid, Síntesis, 2004.
Sandel, M. J., *Justicia. ¿Hacemos lo que debemos?,* Barcelona, Debate, 2011.
Schiebinger, L., *¿Tiene sexo la mente?,* Madrid, Cátedra, 2004.
Sedgwick, Eve K., «A(queer) y ahora», en Rafael M. Mérida Jiménez (ed.), *Sexualidades transgresoras. Una antología de estudios queer,* Barcelona, Icaria, 2002.
Slavoj, Zizek, *En defensa de la intolerancia,* Madrid, Sequitur, 2008.
Solá, Miriam, «Reflexiones feministas sobre el no binarismo», en *Granada, treinta años después: aquí y ahora,* Madrid, Coordinadora Estatal de Organizaciones Feministas, 2010.
— «Introducción», en VV.AA., *Transfeminismos. Epistemes, fricciones y flujos,* Tafalla, Txalaparta, 2013.
Tocqueville, Alexis de, *La democracia en América,* Madrid, Alianza Editorial, 1980.
Touraine, A., *Después de la crisis,* Barcelona, Paidós, 2011.
Trujillo, Gracia, «"Mi cuerpo es mío". Parentalidades y reproducción no heterosexuales y sus conexiones con otras demandas», *Viento Sur,* 146, junio de 2016.

VALCÁRCEL, Amelia, *Ahora, Feminismo,* Madrid, Cátedra, 2019.
VV.AA., *Transfeminismos. Epistemes, fricciones y flujos,* Tafalla, Txalaparta, 2013.
WARNER, Marina, *Tú sola entre las mujeres,* Madrid, Taurus, 1991.
WEININGER, Otto, *Sexo y carácter,* Barcelona, Península, 1985.
WOLF, Susan, «Comentario», en Charles Taylor, *El multiculturalismo y «la política del reconocimiento»,* México, FCE, 1993.
WOLLSTONECRAFT, Mary, *Vindicación de los Derechos de la Mujer,* Madrid, Cátedra, 1994.
YOUNG, I. M., *La justicia y la política de la diferencia,* Madrid, Cátedra, 2000.

Índice

Presentación y agradecimientos	9

CONVIVIENDO CON LA DISTOPÍA

Conviviendo con la distopía	17
«Abre tu mente» a la distopía	17
El feminismo político contra la distopía actual	18
Democracia feminista	21
La interpretación economicista	28
Nacionalpopulismo y «contención democrática»	30
Economía global, izquierda local	34
El relativismo y la anomia política	36
Pragmatismo frente a ideología: la trampa neoliberal	40
Misoginia y misantropía	44

SER MUJER / HACER-SE MUJER

Los discursos reactivos en las tres primeras olas del feminismo	49
Las trampas conceptuales de la «diferencia sexual» y la «complementariedad de los sexos» contra el feminismo ilustrado	51

El «estado de naturaleza» y la «sociedad civil»: la libertad y la propiedad	52
El siglo XVIII y la negación de las mujeres como «ciudadanas»	58
Anatomía comparada: la diferencia sexual	60
La coctelera roussoniana: la «complementariedad sexual»	63
Constructivismo social de los sexos: la educación	68
Feminismo ilustrado y «complementariedad sexual»	70
El siglo XIX: la construcción de la «identidad biológico-sexual» contra el feminismo sufragista	76
Determinismo biológico y racial: Darwin	80
El trabajo de las mujeres: precariedad y transitoriedad	83
Una nueva identidad de ser mujer: la «nueva mujer»	85
Otra vuelta de tuerca: psicología e histeria femenina	88
El histerismo sufragista	91
«Mística de la feminidad» y sociobiología contra el feminismo de la igualdad o tercera ola	95
Sociobiología y «política del resentimiento»	96
Las nuevas expresiones de la política del resentimiento	100

LA CUARTA OLA Y PANDEMIA DE GÉNERO: GENERISMO

La «CUARTA OLA»	105
La cuarta ola en lucha contra la distopía transfeminista o feminismo emocional	109
PANDEMIA DE GÉNERO: GENERISMO	117
La reacción conservadora al uso de «género» y primeras fisuras en el movimiento feminista	118
«Género»: ¿«categoría analítica» o «fuerza causal»?	121
«Género» como categoría analítica	122
Género como «fuerza causal»	127
Generismo butleriano: histrionismo y repetición	132

Feminismo emocional y las trampas conceptuales 138
Del «neofeminismo» de los ochenta a los «feminismos» de hoy 138
La supuesta «victimización» de las mujeres, una tesis neoliberal 140
Las trampas conceptuales de la reacción neoliberal: «relativismo», «elección», «diversidad» e «identidad» 142
La estigmatización de lo público y el elogio de la servidumbre 143
Opresión y discriminación 145
La cara de la «diversidad» y la cruz de la «identidad» ... 149
La parte por el todo 151
«Heteropatriarcado» y «homopatriarcado» 154
Transfeminismo, una propuesta queer 156

GENERISMO QUEER Y DISTOPÍA PATRIARCAL

GENERISMO QUEER 163

Cuerpos, sexualidad y género 165
Las disidencias sexuales de Gayle Rubin 171
La teoría queer y el sujeto «transgénero» 179
La «identidad de género» o los «Principios de Yogyakarta» 187
De la heteronormatividad a la queernormatividad 194
La distopía transfeminista/queer/transgénero 199
La transdesignación o el nuevo binarismo «cis/trans» ... 200
Borrar el «sexo» y a las mujeres: delirio y misoginia ... 203
Ontología del género: generismo queer 213
La ley del deseo y el «régimen gestocéntrico» 214
La entelequia del feminismo «heterocentrado» y «hegemónico» 223
De la igualdad sexual al control sexual de la minoría queer 228
Le llaman feminismo y no lo es: «solipsismo sexual» ... 234
El espejismo «trans» 237
Neolengua y distopía: a modo de epílogo 241

BIBLIOGRAFÍA 245